개체교회

지도자 지침서

2017-2020
연합감리교회 출판부

개체교회 지도자 지침서
GUIDELINES FOR LEADING YOUR CHURCH
2017-2020

Korean Edition

Copyright © 2017 by Cokesbury
All rights reserved.

ISBN 978-1-5018-3351-9

United Methodist churches and other official United Methodist bodies may reproduce up to 500 words from this publication, provided the following notice appears with the excerpted material:

> From Guidelines
> for Leading Your Church: 2017-2020
> Copyright © 2016 by Cokesbury
> Used by permission.

Requests for quotation exceeding 500 words should be addressed to Permissions Office, Cokesbury Press, 2222 Rosa L. Parks Blvd., Nashville, TN 37228 or permission@abingdonpress.com.

MANUFACTURED IN THE UNITED STATES OF AMERICA

개체교회

지도자
지침서

개체교회 지도자 지침서 2017-2020

차례

서론 · · 7

I. 개체교회 (Your Church)
담임목사 (Pastor) · · 12
평신도대표 (Lay Leader) · · 20
연회평신도회원 (Lay Member of Annual Conference) · 24

II. 행정 부서
교회임원회 (Church Council) · · 28
공천위원회
(Nominations and Leadership Development) · · 35
목회위원회
(Pastor/Staff-Parish Relations Committee) · · 40
재정위원회/청지기부
(Committee on Finance/Stewardship) · · 46
재단이사회 (Board of Trustees) · · 55

III. 프로그램 부서
1. 양육사역부 (Nurturing Ministries)
예배 (Worship) · · 64
기독교교육 (Christian Education) · · 68
유년부 (Children's Ministries) · · 75
청소년/중고등부 (Youth Ministries) · · 80
장년부 (Adult Ministries) · · 86
가정부 (Family Ministries) · · 91
소그룹사역 (Small Group Ministries) · · 97
속회 (Class Meeting) · · 125

2. 대외선교사역부 (Outreach Ministries)
  선교 (Mission)ᆞᆞ132
  여선교회 (Women's Ministries)ᆞᆞ136
  남선교회 (Men's Ministries)ᆞᆞ142
  사회부 (Church and Society)ᆞᆞ148
  포용적인 교회 (Advocates for Inclusiveness through (Religion and Race, and The Status and Role of Women)ᆞᆞ153
  고등교육과 학원선교
  (Higher Education and Campus Ministry)ᆞᆞ158

3. 증거사역부 (Witness Ministries)
  전도 (Evangelism)ᆞᆞ163
  교회역사편찬위원회 (Church Historian)ᆞᆞ169
  공보위원회 (Communications)ᆞᆞ172
  작은 교회 (Small Membership Church)ᆞᆞ176

  총회기관 연락처
  (UMC Agencies & Helpful Links)ᆞᆞ179

서론

연합감리교회 개체교회의 궁극적인 사명은 "세상을 변화시키는 예수 그리스도의 제자"(2016 장정 ¶120)를 길러내는 데 있다. 그러므로 연합감리교회 개체교회는 예수 그리스도의 제자를 길러내는 사명에 초점을 두는 것이 바람직한 사역이다.

장정에 따르면 모든 개체교회는 목회위원회, 재정위원회, 재단이사회, 공천위원회, 평신도대표, 연회평신도회원, 양육사역부, 대외선교사역부, 증거사역부가 조직상 필요한 구조로 되어 있고, 나머지 모든 조직은 개체교회의 사정에 따라 제자를 길러내기 위하여 임의로 조직하게 되어 있다.

한인연합감리교회 개체교회는 예수님의 제자를 길러내기 위한 사역을 활발하고 의미 있게 하기 위하여 다양하게 조직한다. 그러나 개체교회의 조직과 호칭이 다르기는 하지만 교회의 근본적인 목적과 기능은 같다. 개체교회는 그 교회 교인들로 하여금 하나님을 만나고, 체험할 수 있는 기회를 제공하여 주고, 교인들의 믿음이 성숙할 수 있도록 양육시켜 주고, 세상에 나가 하나님을 증거하며, 세상을 변화시키며 생활할 수 있도록 도와주는 사역을 한다. 그러한 사역의 일부가 바로 조직이다. 그러나 조직을 살리기 위한 사역은 바람직한 것이 아니다. 개체교회를 어떻게 조직하든 조직이 사는 것보다는 사역이 살아야 한다. 조직은 어디까지나 사역에 참여하는 모든 사람의 시너지 효과를 나타낼 수 있도록 통로 역할을 하여줄 뿐이지 조직 자체에 생명이 있는 것이 아니다.

한인연합감리교회 성도들은 미국이라는 환경 속에서 나름대로 미래를 개척해 나가야 할 사람들이다. 과거는 현재를 위한 초석이 되어야 하지만 미래를 향한 우리의 발걸음을 옭아매는 걸림돌이 되어서는 안 된다. 우리에게는 미래를 열 수 있는 사역을 위한 도구가 필요하다.

원달준
연합감리교회출판부

섬기는 지도자의 정체성과 사명

　개체교회의 지도자들은 예수 그리스도께서 명하신 지상명령을 수행하기 위하여 섬기는 지도자로 부름을 받고, 그 부름에 헌신하고 봉사하겠노라고 응답한 사람들이다. 섬기는 지도자들은 하나님의 사랑을 다른 사람에게 전하며, 그 사랑을 실제로 실천하는 사람들이다. 섬기는 지도자들은 받은 은사와 재능과 재물과 시간으로 교회의 사명을 수행하기 위하여 하나님의 부르심에 응답한 사람들이다.

　개체교회의 사명은 세상을 변화시킬 수 있는 "예수 그리스도의 제자를 길러내는 것"이다. 교회는 지역사회에 위치하고 있지만, 세계교회의 일부이기도 하다. 교회는 모든 사람을 위한 교회이고, 그 안에는 조직이 있고, 그 조직 안에서 우리가 함께 힘을 모아 사역을 한다. 그러나 그 조직을 살리기 위한 사역은 바람직한 사역이 아니다. 우리는 사역을 위해서 조직이 필요한 것이다. 사역을 방해하는 조직은 수정되어야 한다.

　제자를 길러내는 개체교회의 사명을 수행하기 위하여 섬기는 지도자들은 (장정 ₱122):

　• 복음을 선포하고 사람들을 찾으며 그들을 교회로 영접한다.
　• 물과 영으로 세례를 주고 예수 그리스도에 대한 신앙고백을 하게 하여 자신들의 삶을 하나님께 맡기도록 한다.
　• 예배와 성례전과 영성훈련과 기타 웨슬리가 말하는 기독교인들의 모임과 같은 다른 은혜의 방편을 통하여 사람들을 그리스도의 삶을 살도록 양육한다.
　• 사람들을 세상에 내어 보내어 병든 자들을 고쳐 주며, 굶주린 자들을 먹여 주며, 나그네 된 자들을 돌봐 주며, 억눌린 자들을 풀어 주며, 복음에 충실한 사회를 건설하는 데 노력하게 함으로써 그들이 그리스도의 종으로서 사랑과 의로운 삶을 살게 한다.
　• 그리스도의 몸 된 공동체에 사람들을 찾아 영접하는 선교활동을 계속하게 한다.

　섬기는 지도자들은 세상에 복음을 전파해야 할 책임을 피할 수 없는 사람들이다. 왜냐하면 예수께서는 가서 "모든 민족을 제자로 삼"으라고 명령하셨기 때문이다. 그러므로 하나님의 부르심을 받은 사람들이 예수님의 명령에 순종하여 그들의 재능과 물질과 시간과 신앙체험을 통하여 그리스도의 제자들을 길러내는 사명에 참여하는 사람들은 축복 받은 사람들이다.

　개체교회 섬기는 지도자는 개체교회의 사역을 지원하고 강화시키기 위하여 명심해야 할 것들이 있다. 예수 그리스도의 제자로서 섬기는 지도자들은 사람들을 환대하고, 사람들로 하여금 하나님께 헌신하며 예수 그리스도를 증거하며 생활할 수 있도록 도와주고, 그리스도인들이 그들의 삶 속에서 실천해야 할 목적 의식을 양육시켜 주고, 그리고 그들의 삶 속에서 믿음을 실천하며, 공동체를 변화시킬 수 있도록 본을 보여주어야 한다.

1. 섬기는 지도자는 그리스도의 제자를 길러내는 사명을 성취하기 위하여 비전을 세우도록 돕고, 그 비전을 실천에 옮기고, 실천에 옮긴 것들을 평가하는 역할을 담당한 사람이다.

지금 우리의 모습은 미래에 우리가 원하는 모습을 위한 전주곡에 불과하다. 교회가 진정으로 하나님께 속한 교회가 되려면, 하나님이 그의 마음 속에 그리시는 교회가 되어야 한다. 개체교회가 어떻게 하면 사람들을 있는 그대로 받아들이고, 하나님과 관계를 맺도록 도와주고, 양육시켜 주고, 세상 속으로 들어가 증거하며 생활할 수 있도록 도와줄 수 있을까? 지금 우리가 있는 곳으로부터 우리가 가고 싶은 곳을 향하여 어떻게 갈 수 있을까?

지도자의 역할 중에 하나는 현재와 미래를 연결하는 다리 역할을 하는 것이다. 하나님은 미래를 위하여 많은 가능한 길을 열어 주신다. 그러므로 너무 경직되어 있지 말고 항상 새로운 가능성에 마음 문을 열어 두자. 목표는 항상 구체적이고, 측정할 수 있고, 실천에 옮길 수 있어야 한다.

2. 그리스도의 제자를 길러내는 섬기는 평신도 지도자들은 무엇보다도 지도자들이고, 신앙훈련과 영적으로 성숙해 가는 데 본을 보일 수 있는 가능성을 지닌 사람들이다. 신앙훈련은 은혜의 수단으로 알려져 있는 기도, 금식, 성경공부, 성만찬, 기독교인의 모임, 예배, 그리고 자비를 실천할 수 있는 재능을 키우는 것이다. 영적 지도자들은 교회의 사명에 관심을 두고 교회가 하여야 할 임무를 수행해 나가야 한다. 교인들은 지도자들의 영적 생활과 삶의 방향을 지켜볼 수 있어야 한다. 지도자들이 영적으로 영향을 발휘할 수 있을 때에 사람들의 삶에 변화가 생긴다.

3. 섬기는 지도자의 역할 중에 하나는 현재 있는 그대로의 개체교회 현실을 정확하게 파악하는 것이다. 교회가 어떻게 조직되어 있고, 누가 무엇을 어떻게 하고 있는지를 파악해 두는 것이 도움이 된다. 본 <u>지도자 지침서</u>에서는 지도자들이 교회의 선교 차원에서 자신들의 현실을 주목하여 볼 수 있도록 돕고 있다.

4. 섬기는 지도자는 교회가 돌아가고 있는 모습을 눈여겨보는 사람들이다. 교회가 퇴보하는 것처럼 보일 때도 있지만 지도자들은 교회가 미래를 향해 나아갈 수 있도록 인도해야 한다. 지도자는 특정한 계획을 교회 전체의 선교 차원에서 평가할 줄 알아야 한다.

섬기는 지도자로서의 역할을 어떻게 시작할 것인가?

• 기도하라.
여러분과 함께 사역할 사람들을 위하여 기도하고, 담임목사를 위하여 기도하고, 여러분의 회중을 위하여 기도하라.

• 담임목사와 다른 지도자들과 의논하라.
개체교회의 비전과 사명에 대하여 의논하라. 개체교회의 모든 기관들이 어떻게 이 비전과 사명을 수행하여 나가는지에 대하여 배우라.

• 자료를 수집하라.
개체교회, 지방회, 연회, 총회 사무실을 통하여 여러분의 사역에 도움이 될 수 있는 자료들을 수집하라. 담임목사로부터 정보를 얻을 수 있다.

• 여러분과 함께 사역할 팀원들에게 전화하라.
팀원들이 맡은 부서에서 할 일에 대하여 말해 주고, 그들이 하기 원하는 것에 대해 의견을 수렴하라. 그리고 지도자가 지원할 수 있는 길에 대하여 의견을 나누라.

• 팀원들이 모일 수 있는 길을 모색하라.

• 팀원들이 더 알아야 할 일과 개발해야 할 일이 있으면 그것에 대하여 서로 의견을 나누라.

• 일의 우선순위를 정하라.

어떻게 계획하면 되는가?

• 성취하기 원하는 것이 무엇인지 분명해야 한다.
• 여러분의 개체교회와 지역사회에 대하여 생각해 보라.
• 더 조사해 보아야 할 일과 더 배워야 할 일에 대하여 생각해 보라.
• 다르게 할 수 있는 길을 모색해 보라.
• 어떠한 방법이 가장 효과적인 방법일지 생각해 보라.
• 목표를 달성하기 위한 전략을 세우라.

무엇을 염두에 두고 계획해야 하는가?

여러분의 교회는 지역사회와 세상에서 독특한 교회이다. 여러분의 교회와 똑같은 교회가 세상에는 없다는 사실을 염두에 두고 계획해야 한다. 또한 여러분이 무슨 활동을 염두에 두고 계획하든지 궁극적으로 여러분의 팀원들이 다음과 같은 내용들에 대해 더 성숙되어 갈 뿐만 아니라 그들이 체험한 것들을 나눌 수 있어야 한다: 성경에 대한 지식, 교회에 대한 지식, 영성훈련, 신앙과 실생활을 연결시킬 수 있는 지식과 기술, 복음에 입각한 기독교의 가치관 형성과 성격 형성 등등.

무엇을 평가해야 하는가?

개체교회 지도자들은 개체교회의 예배와 방향과 프로그램을 수시로 평가해 보아야 한다. 물론 평가를 위한 평가가 아니라 예수님을 기쁘게 해드리는 좀 더 좋은 교회가 되기 위하여 평가해 보아야 한다. 매주 예배와 그 주에 행한 프로그램들을 평가해 볼 수 있겠고, 일 년에 몇 번 꼭 개체교회의 비전과 사명을 점검해 보는 것이 교회 성장에 큰 도움이 될 것이다.

- 개체교회의 비전과 사명을 성취하고 있는가?

세상을 변화시킬 수 있는 그리스도의 제자들을 길러내는 사명을 성취하고 있는가?

- 계획한 것이 잘 되어가고 있는가?
- 기대하는 결과가 나타나고 있는가?
- 기대하는 결과를 성취하기 위하여 교인들을 잘 훈련시켜 주고 있는가?
- 개선되어야 할 분야는 무엇이고, 어떻게 하면 더 잘 되게 할 수 있을까?
- 개체교회의 사명을 성취하기 위하여 필요한 새로운 사역들은 무엇일까?
- 본질적인 것이 이행되지 않는 것은 무엇일까?
- 미래를 창조적으로 준비할 수 있는 길은 무엇일까?
- 지도자들이 맡은 직책을 효율적으로 잘 이수하고 있는가?
- 부서 위원들이 맡은 책임을 잘 이수할 수 있도록 도와줄 수 있는 특별한 훈련은 필요 없는가?
- 변화된 것이 무엇인가?
- 다음에 분명하게 점검하고 넘어가야 할 것은 무엇인가?
- 교회가 하는 모든 프로그램이 교인들의 믿음을 성숙시켜 주고 있는가?

I. 개체교회
(Your Church)

담임목사
(Pastor)

담임목사의 기본 사명은 "일생 동안 말씀과 성례전과 치리와 봉사의 사역에 종사하기 위하여" 안수를 받은 사람이다. 담임목사는 "말씀을 선포하고 가르치며, 목회상담을 하며, 세례와 성만찬의 성례전을 집전하여, 선교와 사역을 위하여 교회생활을 치리"(장정 ¶332)하는 사람이다.

담임목사는 "개체교회와 연장사역에서 하나님의 백성을 예배와 기도로 인도하며, 사람들을 예수 그리스도를 믿도록 인도하며, 목회 활동을 감독하며, 교회가 세상에서 선교할 때 이를 치리하는 일"(장정 ¶332)을 한다.

담임목사의 책임 (장정 ¶332)
담임목사의 기본적인 책임은 개인이나, 그룹이나, 교회에서 책임 맡은 사람들로 하여금 하나님께 더 가까이 나아갈 수 있도록 도와주는 사역이다. 그래서 그들로 하여금 삶 속에서 하나님께 초점을 맞추어 생활하면서 성도들의 신앙에 변화가 생길 수 있도록 인도해 주고 도와주는 사람이다. 그리고 하나님을 위하여 사역(양육사역, 대외선교사역, 증거사역)할 수 있도록 지원해 주고, 훈련시켜 주고, 무장시켜 주는 사람이다.

담임목사에게 주어진 구체적인 책임을 요약하면 다음과 같다.
(1) 영적으로 지도하는 일
(2) 예배를 인도하고, 설교하고, 가르치는 일
(3) 평신도를 지도하며 훈련하는 일
(4) 치리자로서 비전을 보여 주는 일
(5) 공동체의 온전성을 유지하는 일
(6) 연합감리교회의 연대체제에 참여하는 일
(7) 지역사회를 위하여 사역하는 일

1. 영적 지도자로서의 담임목사
담임목사는 영적 지도자이다. 평신도들은 의미 있는 영적 생활을 갈망하고 있다. 그들의 영적 갈망을 채워줄 수 있는 사람이 바로 담임목사이다. 평신도들의 영적 갈망을 채워 주기 위해서는 담임목사의 영성도 개발되어야 한다. 베드로후서 3:18에서 언급하는 바와 같이 "오직 우리 주 곧 구주 예수 그리스도의 은혜와 그를 아는 지식에서 자라" 가야 한다. 다양한 사역에 개입하는 담임목사는 자신에게 할애할 수 있는 시간이 얼마 되지 않는다. 그렇기 때문에 다른 사람의 영적 생활을 도우려고 하기 전에 자신의 영적 생활에 대하여 고심해야 하고, 이러한 문제를 해결하기 위해서는 담임목사 자신이 의도적으로 삶의 우선순위를 정하여 영적 생활에 의도적으로 계속해서 시간을 할애하여야 한다. 기도와 성경공부와 정규적인 경건의 시간을 가지려고 노력해야 한다. 담임목사는 정규적인 경건생활, 기도생활, 성경공부, 묵상, 심방, 예배 인도, 사회참여, 친구와의 대화, 그리고 환대를 통하여 하나님을 만날 수 있다. 그러나 하나님과 관계를 맺고 자신의 신앙 안에서 성장하기 위하여 매일 정규적으로 영적인 이슈를 실천에 옮기는 습관이 중요하다.

그뿐만 아니다. 담임목사는 목회를 위한 전문 지식과 영적 성장을 증진시키기 위하여 연장교육을 받는 것도 도움이 된다. 다시 말해, 담임목사가 가장 필요로 하는 영성 분야를 개발시키기 위하여 계획하라는 뜻이다. 담임목사의 지속적인 영적 생활은 자신의 영적 생활을 위한 기반을 닦아갈 뿐만 아니라, 회중에게 영적 생활의 기반을 제공하여 주기도 한다. 회중은 담임목사의 영적 생활을 그들의 모델로 생각한다. 담임목사가 영적 생활에 실패하게 되면, 평신도들의 영적 생활을 무장시켜 주지 못한다.

영적 지도자는 예수 그리스도의 제자로서 헌신하면서, 영적으로 성숙해 가는 사람이다. 영적 지도자는 그가 인도하는 사람들로 하여금 조건을 요구하지 않는 하나님의 사랑을 체험할 수 있도록 인도해 주는 사람이다. 능력 있는 영적 지도자는:

- 영적인 생활을 유지하며, 그리스도인의 공동체에 참여한다.
- 평신도에게 비전을 제시하며, 교회의 기본 사명에 초점을 둔다.
- 평신도들이 예수 그리스도와 관계를 맺고 생활할 수 있도록 도와주며, 각자가 부름받은 대로 사역할 수 있도록 도와준다.
- 평신도들이 선교에 참여하도록 도와줄 뿐만 아니라 섬기는 공동체를 세울 수 있도록 도와주고, 목회를 위한 효과적인 방안을 추구한다.
- 변화를 받아들이고, 새로운 방법을 배우며, 신앙의 공동체가 세상 속에서 효과적으로 선교할 수 있도록 돕는다.
- 정직하고, 열정적이고, 책임성이 있고, 남을 존중하며, 정해진 한계 내에서 최선을 다하는 삶을 산다.
- 예수 그리스도의 교회를 사랑하며, 연합감리교회의 전통과 교리와 구조를 이해하고 후원한다.

2. 예배를 인도하고 설교하고 가르치는 사역

담임목사가 이수해야 할 사역 중에서 가장 기본적이고 의미 있는 사역은 말씀을 선포하며, 예배를 인도하며, 성례전을 집행하며, 성경을 읽고 가르치며, 성도들로 하여금 말씀 연구와 증거하는 사역에 봉사할 수 있도록 지도하는 사역이다.

예배와 성례를 통하여 신앙인들은 그들의 정체성을 알게 된다. 예배시간은 신앙의 공동체가 하나님께 영광을 돌리기 위하여 한 자리에 모이는 시간이고, 예배는 담임목사에게 주어진 가장 큰 책임이기 때문에 예배를 통하여 회중의 영적 갈망이 충족될 수 있도록 정성껏 준비를 해야 한다.

설교는 예수 그리스도의 복음을 전하는 매개체이다. 설교는 회중의 삶에 적절해야 하며, 담임목사 자신의 신학을 관철하려는 의도를 될 수 있는 대로 피해야 한다.

담임목사는 예수님을 따르는 제자를 길러내기 위하여 평신도들을 훈련시켜 주고 가르쳐야 한다. 그리고 개체교회에서 교육을 책임 맡고 있는 사람들을 격려하여 주고 그들과 밀접한 관계 속에서 다양한 교육 프로그램을 제공해 주어야 한다.

3. 평신도를 지도하고 훈련하는 사역

담임목사는 평신도를 다양한 사역의 장으로 초청하여, 그들이 받은 은사와 재능에 따라 사역할 수 있도록 훈련시켜 주고, 지도하여 주어야 한다. 모든 평신도와 성직자는 세상을 변화시키기 위하여 사역하도록 부름받은 사람들이다. 하나님은 우리 각자에게 은사를 주시고 세상에서 사역을 하도록 부르신다. 그러나 어떤 사람은 그들의 은사를 분명하게 알고, 또 어떤 사람은 그들에게 주어진 은사를 모른다.

그러므로 담임목사는 평신도들로 하여금 은사와 재능을 개발할 수 있도록 훈련시켜 주고, 또한 받은 은사와 재능을 가지고 봉사할 수 있도록 그들을 무장시켜 주어야 한다. 그밖에도 평신도들을 정기적으로 훈련시켜 주어야 한다.

- 성수주일을 위한 훈련
- 정기적으로 성경을 읽게 하는 훈련
- 개인적으로 경건의 시간을 갖게 하는 훈련
- 기도하는 훈련
- 헌물을 드리는 훈련
- 남을 섬기는 훈련
- 세상에서 그리스도를 증거하는 훈련

4. 지도력을 발휘하며 비전을 보여주는 사역

교회 행정이란 교회의 방향을 지시하고 보살피며, 교회의 모든 일이 순조롭게 진행될 수 있도록 도와주는 것이다. 담임목사는 교회생활을 치리하며 질서를 잡아주는 사람이다. 행정은 사람들에 관한 것이기에 영적 활동이기도 하다. 그러므로 담임목사의 행정 스타일은 사람들을 도와주기도 하고 해치기도 한다. 한 가지 명심할 것은 행정을 책임 맡고 있는 담임목사는 비전을 가지고 회중을 영적으로 지도하고 이끄는 사람이라는 것이다.

또한 담임목사는 영적 지도자로서 보이지 않는 것을 볼 수 있게 도와주고, 알 수 없는 것을 알 수 있게 인도해 주어야 한다. 비전은 꾸준한 영성 훈련, 성실한 신앙생활, 하나님의 음성을 들으려고 하는 노력, 영적 갈망을 채워 주려는 자세의 결과에서 나오는 것이다. 영적 지도자는 기도 중에 하나님의 음성과 말씀을 듣는 사람이다. 그러므로 비전은 목사의 소명 의식과 직접 관련되어 있다. 교회가 지향하는 영적 방향을 보여주는 역할은 담임목사의 지도력과 관련되어 있다.

오늘날 담임목사에게 경쟁의 대상으로 등장하는 것들이 많이 있다. 운동경기, TV, 컴퓨터 등은 개체교회의 프로그램과 직접 경쟁을 하기 때문에 사람들로 하여금 교회를 외면하도록 유혹하고 있다. 뿐만 아니라, 사람들은 너무 분주해서 교회가 우선으로 되어 있지 않고 시간이 남으면 교회에 참여하고 있다. 그리고 교인들은 질이 높은 신앙생활을 기대하고 있다. 과거에 집착되어 있는 교회는 현대에 사는 사람들의 기대를 충족시켜 줄 수 없게 되어 있다. 그렇다면 담임목사는 사역을 어떻게 시작해야 하는가?

첫째로, 담임목사는 교회의 현실을 정확하게 파악해야 한다.

현실을 파악하기 위하여 적절한 질문을 던져야 하고, 또한 그 질문에 대한 응답을 분명하게 들어야 한다.

• 우리 교회가 가장 소중히 여기고 있는 핵심적인 활동은 무엇인가? 이 활동들은 교회의 비전과 사명과 어떠한 관계가 있는가?
• 하나님께서 우리교회에 맡겨 주신 사명은 무엇인가?
• 예배와 교육에 참여하는 추세는 어떠한가? 헌금을 잘 하는가?
• 우리 교회는 생각과 의견이 다른 사람들을 잘 수용하고 있는가?
• 지도력이 잘 분배되어 있는가?
• 우리 교회를 방문한 사람들이 다른 교회로 가는 이유를 알고 있는가?
• 우리 교회 재정 사정을 분명히 그리고 투명하게 알고 있는가?
• 우리 교회는 제자를 잘 길러내고 있는가?
• 우리 교회에 나오지 않는 사람에게 전도를 하고 있는가?
• 우리 교회의 꿈과 희망 사항은 무엇인가?

둘째로, 담임목사는 교회의 사명을 수행하기 위하여 교회가 바라는 것들의 실상을 잘 알고 있어야 한다.
- 내년, 5년 후, 10년 후 우리 교회의 모습은 어떠할까?
- 하나님께서 우리 교회를 이곳에 세워주신 이유는 무엇일까?
- 우리의 뚜렷한 비전과 미래상은 무엇인가?
- 하나님께서 부르시고 선택하신 우리 교회가 이 지역사회와 세상을 변화시켜 줄 수 있는 것은 무엇일까?
- 이 비전은 교인들을 신나게 만드는가? 교인들에게 에너지를 공급해 주는 비전인가?

셋째로, 담임목사는 비전을 성공적으로 실천에 옮기기 위해 계획안을 만드는 사람이다.
- 우리 교회가 성취하기 원하는 것은 무엇인가?
- 비전을 이루기 위해 할 수 있는 프로그램은 무엇인가?
- 이러한 프로그램을 실천에 옮길 수 있는 사람은 누구인가?
- 우리 교회가 변화되어야 할 것이 있는가?
- 이 비전을 하나님께서 원하시는 방향으로 이끌기 위하여 영적으로 훈련받아야 할 것이 있는가?
- 우리 교회는 정의와 자비를 보여줄 의향들이 있는가?

넷째로, 담임목사는 비전의 방향과 결과를 교회 전체의 입장에서 수시로 평가해야 한다.

개체교회는 개체교회가 위치하고 있는 바로 그곳에서 선교하고 사역할 책임을 지고 있다. 개체교회는 지역사회를 위하여 특수한 사역을 할 수 있다. 그러므로 담임목사는 평신도들이 자신들이 몸담고 있는 지역사회를 섬길 수 있도록 지도해야 한다.

5. 온전한 교회를 유지하려는 수호자로서의 사역

개인생활에서나 교회생활에서 흠이 없이 온전하게 생활하는 것은 중요한 일이다. 교회는 가치관에 따라 생활하는 공동체이고, 선포하는 것을 실천에 옮기는 공동체이고, 말하는 대로 정체성을 드러내는 공동체이기 때문에 온전한 교회를 유지하려고 노력해야 한다. 또한 온전한 교회를 유지하려고 노력하는 이유는 온전하신 하나님 때문이다. 교회는 온전하신 하나님과 언약을 맺고, 그것을 지키기로 약속한 믿음의 공동체이기 때문에 하나님과 사람들로부터 신임을 얻는 공동체가 되어야 하기 때문이다. 우리 각자는 그리스도를 대변하는 사람들이기에 흠이 없는 생활을 하려는 노력이 절대적으로 필요하다. 다음의 것들에 특히 유의해야 한다.

- 재정이 온전해야 한다.

교회의 재정은 목사를 포함해서 한 개인의 것이 아니다. 재정은 하나님의 것이고, 공동체에게 하나님의 것을 관리하라고 청지기의 책임을 맡겨 주신 것이다.

- 안전이 온전해야 한다.
- 연합감리교회의 전통, 정책, 그리고 교리가 온전해야 한다.
- 도덕적이고 윤리적인 면에서 온전한 신앙생활을 해야 한다.

온전함은 지도자에게 필수적인 것이다. 온전함과 신뢰는 밀접한 관계가 있기 때문이다. 사람들은 신뢰할 수 없는 지도자를 따르지 않는다. 신뢰는 담임목사의 개인생활이나 목회를 통하여 성실한 삶을 살고 있다는 확신이 생길 때 서서히 개발된다.

온전하다는 것은 이중적인 성격의 소유자가 아니라 한 마음을 소유하고 있는 사람을 뜻한다. 다시 말해, 목사가 말하는 것을 액면 그대로 받아들일 수 있기를 평신도들은 원한다. 온전한 삶을 사는 목사의 모습은 예수 그리스도에게 충성을 다하고 심혈을 기울이는 모습이다. 가치관이 너무나 빨리 변해 가는 세상에 사는 평신도들은 담임목사로부터 영적으로 지도 받기를 원할 뿐만 아니라 도덕적으로도 지도 받기를 원한다.

온전함은 어떻게 개발되는가?

온전함은 어린이들이 공부할 때 얻어지는 지식처럼 개발될 수도 있고, 개방적인 지도력을 발휘할 때 개발될 수 있고, 개인적인 삶에서나 영적 지도자로서의 삶에서 최고의 가치관을 선택하면서 살 때 개발될 수 있다. 목회를 효과적으로 하기 위하여 담임목사에게 특종의 전문기술이 요구되는 것이 사실이지만, 온전함과 대치할 수 있는 기술은 아무 것도 없다.

6. 연합감리교회 연대체제에 참여하는 사역

연합감리교회는 연대체제로 연결되어 있는 교단이다. 담임목사는 개체교회와 지방회와 연회와 교단 사이에서 교량 역할을 하는 사람이다. 연합감리교회가 하고 있는 사역 전체를 이해할 수 있는 사람은 아무도 없다. 그러나 개체교회에서 담임목사가 하는 사역은 연합감리교회 연대체제와 직접 관련되어 있다.

모든 연합감리교회 목사는 개체교회에 멤버십이 있는 것이 아니고, 목사가 속해 있는 연회에 멤버십이 있다. 그래서 모든 연합감리교회 목사는 연회에 참여해야 할 의무가 있다. 연회에 속한 모든 목사는 언약 관계를 맺고 생활하는 사람들이다. 다시 말해, 연회에 속해 있는 모든 목사는 "교회의 생활과 선교를 위하여 서로 돕고 돌봐주며 서로를 책임지는 교회 내의

한 성약 공동체"에 (장정 ¶306) 속해 있는 사람들이다. 그뿐만 아니라, 연합감리교회 목사는 지방회와 연회와 교단과 연대체제로 연결되어 있는 사람이기 때문에 연합감리교회의 모든 체제를 통하여 많은 정보와 자료들을 구입할 수 있다.

그리고 담임목사는 연합감리교회가 교단의 이름으로 하고 있는 사역에 대하여 평신도들에게 설명해 주고 교육시켜 줄 책임을 지고 있는 사람이다. 그러기에 담임목사는 연회 프로그램이나 훈련에 참여하도록 초청받는다. 지방회, 연회, 총회 사역에 연합감리교회 목사로 참여하는 것은 명예로운 일이자 의무이다. 담임목사는 연합감리교회가 운영하는 모든 기관과 연결되어 있는 사람이다.

7. 지역사회를 위하여 하는 사역

담임목사는 신앙 공동체뿐만 아니라, 지역사회를 위해서도 사역하는 사람이다. 요한 웨슬리 목사는 "세계는 나의 교구"라고 말했다. 담임목사는 교회 멤버뿐만 아니라 멤버가 아닌 사람들로부터도 결혼 주례나 장례식이나 지역사회 행사를 위하여 기도해 주기를 바라는 부탁을 받는다. 이러한 것들은 복음을 증거할 수 있는 좋은 기회가 된다.

담임목사는 평신도들로 하여금 지역사회와 다른 교단과 함께하는 연합사업에 참여하도록 권장해야 한다. 담임목사는 다음의 세 가지 사항을 꼭 명심하고 있는 것이 현명하다.

- 각 개체교회에는 나름대로 특이한 성격과 구조가 있다
- 담임목사는 어려운 삶 속에서 신실하고 착실하게 살기로 다짐한 사람이지 초인간이 아니다.
- 담임목사는 효과적으로 목회를 하기 위해서 정서적 면에서나, 지적인 면에서나, 육체적인 면에서나, 영적인 면에서 건강을 유지해야 한다. 이러한 것들을 유지하기 위해서는 영적으로 성장할 수 있는 길을 항상 생각하고 있어야 한다.

※자료와 정보※

*장정 2016 (The United Methodist Publishing House), ISBN: 9781501833311. 주문: ☎ 866-629-3101 or www.cokesbury.com
*말씀과 생활: 강해 성경공부, 원달준 지음 (Nashville: Cokesbury Press, 2012-2016). 모두 30권으로 되어 있으며, 창세기부터 요한계시록까지 성경 66권 전체를 각 권마다 개별로 공부할 수 있는 것

이 특징이다. 말씀과 생활: 강해 성경공부는 성경 말씀 속으로 좀 더 깊이 들어갈 수 있도록 안내하여 주고, 말씀 속에 들어가서 하나님의 음성을 듣고, 하나님을 만나고, 하나님의 뜻을 헤아려 알고, 깨달은 말씀을 조용하게 묵상해 보고 우리의 생활 속에서 적용할 수 있도록 안내해 주는 책자이다.
주문: ☎ 1-866-629-3101 or www.cokesbury.com

* 섬기는 평신도 지도자 (Abingdon Press, 2003), ISBN: 978068702-4261. 김정호 김중언 원달준 조영진 공저. 평신도 훈련교재
주문: ☎ 1-866-629-3101 or www.cokesbury.com

* 기쁨의 언덕으로, 연합감리교회공보부 웹사이트를 참조하라.

* *Job Descriptions and Leadership Training in the United Methodist Church, 2017-2020* (Nashville: Discipleship Resources, 2016).
주문: ☎ 1-800-814-7833.

* *Accountable Discipleship: Living in God's Household* by Stephen W. Manskar (Nashville: Discipleship Resources, 2000), ISBN: 9780881773392. 주문: ☎ 1-800-814-7833

* *By Water and the Spirit: Making Connections for Identity and Ministry* by Gayle Carlton Felton (Nashville: Discipleship Resources, 1997), ISBN: 9780881772012. United Methodist understanding for baptism and helps connect it to discipleship in daily life.

* *The Spirit and Art of Conflict Management: Creating a Culture of JustPeace* by Thomas Porter (Nashville: Upper Room, 2010), ISBN: 9780835810265.

Web Resources

* www.homiletics.org. Website for the Academy of Homiletics
* www.umcdiscipleship.org/worship
* www.festivalofhomiletics.com
* www.gcsrw.org/resources/for clergyfamilies.aspx
* infoserv@umcom.org 연합감리교 개체교회의 주소와 목사들에 대한 정보를 얻을 수 있다.
* www.koreanumc.org

평신도대표/연회평신도회원
(Lay Leader/Lay Member of Annual Conference)

"모든 그리스도인들은 그리스도께서 원하시는 곳이면 어디서든지 치유와 자유를 가져오는 행위와 말씀으로 봉사하고 증언하도록 부르심을" (장정 ¶128) 받은 사람들이다.

한인연합감리교회는 대부분 평신도대표와 연회평신도회원의 직책을 하나로 생각한다. 그러나 이 두 직책은 개체교회의 기능 면에서 엄연히 두 개의 다른 직책이다. 평신도대표는 개체교회에서 평신도를 대변하는 직책이며, 개체교회와 그 교회가 처해 있는 공동체를 연결시키는 데 초점을 맞추는 직책이다.

그리고 연회평신도회원은 연회에 참여하면서 개체교회와 연회를 연결시키는 직책이다. 만약에 개체교회가 이 두 직책을 다른 두 사람에게 따로 직책을 맡기고 있다면, 긴밀하게 상의하면서 개체교회를 섬겨야 할 것이다. 평신도대표/연회평신도회원은 연합감리교회의 장정에 대하여 대충 알고 있으면 도움이 된다.

장정은 4년에 한 번씩 연합감리교회 총회가 열린 후에 총회가 가결한 조항들을 연합감리교회출판부가 출판하며, 연합감리교회의 법과 정책을 다루는 책이다. 장정은 연합감리교회가 자신을 통제하고 치리하기 위하여 헌법, 신학, 역사, 전통, 정체, 계획, 과정, 법 등을 진술해 놓은 책이다.

장정은 다른 책들과 같이 장과 절과 쪽 번호로 나뉘어져 있기보다는 "단락"(¶)으로 나뉘어져 있다. 각 단락 번호는 "편" 혹은 "장"에 따라 순서대로 번호가 적혀 있다. 그러나 "편"과 "편" "장"과 "장" 사이의 번호는 미래에 첨가될 단락 번호를 생각하여 계속 연결하여 번호를 사용하지 않고 빈 번호를 남겨둔다. 다시 말해, 한 편에서 61 단락에 끝난다고 하더라도 다음 편에서는 100 숫자로 시작하고, 한 장에서 272 단락으로 끝난다고 하더라도 다음 장은 300 단위로 시작한다는 말이다.

장정의 내용은 연합감리교회 총회에서만 변경하고 삭제할 수 있다. 총회대의원은 각 연회와 해외지역총회가 선출하며 4년에 한 번씩 모이고, 대의원의 숫자는 1,000명 미만이다. 총회대의원은 입법의 권한만 주어져 있고 행정의 권한은 없다. 다시 말해, 총회는 한 번 모인 후에 해체되고, 실질적인 행정 권한은 연회에 주어진다.

1. 평신도대표/연회평신도회원의 책임 (장정 ₱251.1.2)
(1) 평신도대표는 개체교회의 평신도를 대변한다.
(2) 연회평신도회원은 개체교회를 대표하여 연회에 참여한다.
(3) 평신도대표/연회평신도회원은 연회와 총회에서 결정한 사항과 프로그램을 개체교회에 홍보한다.
(4) 개체교회가 필요로 하는 것을 연회와 총회에 알려 준다.
(5) 담임목사와 교회의 기본 사명에 대하여 수시로 상의한다.
(6) 평신도대표/연회평신도회원이 한 직책으로 되어 있으면, 구역회, 교회임원회, 재정위원회, 공천위원회, 목회위원회의 당연직 회원으로 봉사한다.
(7) 평신도들이 신앙훈련에 참여할 수 있는 정보를 제공하여 준다.
(8) 평신도대표는 10월에 있는 평신도주일을 주관한다.
(9) 평신도대표와 연회평신도회원을 겸임하고 있으면, 연회평신도회원 자격으로 연회에 참석하여 개체교회를 대변하고, 연회가 끝난 후에는 개체교회에 연회가 결정한 사항에 대하여 보고한다. (연회평신도회원을 보라.)
(10) 평신도는 직책에 불문하고 개체교회가 속해 있는 연회에서 4년에 한 번 모이는 총회대의원과 지역총회대의원으로 선출될 수 있다. 총회는 입법기관이고, 지역총회는 감독 선거와 연회 경계선을 관리한다.

2. 평신도대표/연회평신도회원의 선출과 임기
공천위원회의 천거를 받아 구역회에서 선출되며, 임기는 1년이다.

3. 개체교회 평신도대표의 역할
(1) 평신도대표는 개체교회의 평신도를 대변한다.
평신도대표는 일 년에 한 번 모이는 구역회에서 평신도들이 1년 동안 사역한 활동에 관하여 구두로나 서면으로 감리사에게 보고해야 한다. 그리고 구역회를 대변하여 모이는 개체교회 교회임원회에서는 교회의 사명과 비전에 입각하여 프로그램 전반에 대하여 설명해 준다. 재정위원회에서는 평신도 전체의 입장을 대변한다. 공천위원회에서는 교회 각 부서에서 봉사할 수 있는 적절한 인물을 추천한다. 목회위원회에서는 평신도들로부터 들은 내용을 위원회에 전달하여 준다.
(2) 신실하고 책임성 있는 신앙생활의 모범을 보인다.
평신도대표의 위치는 다른 평신도들로부터 존경을 받는 위치이므로 이 위치에 있는 평신도대표는 신앙생활을 통하여 모범을 보이려고 노력하여야 한다. 신앙생활을 하는 과정에서 다른 평신도들에게 본이 되고 멘토가 되어야 한다.

(3) 담임목사와 교회의 기본 사명에 대하여 수시로 상의한다.

평신도들이 할 수 있는 사역에 관해 생각하고, 하나님의 백성이 되는 의미에 대하여 서로 생각해 볼 수 있도록 다른 이들을 도와주는 것은 중요한 일이다. 그러므로 평신도대표로서 교회의 기본 사명을 항상 생각하는 것은 아주 중요하다. 평신도대표는 두 가지 역할을 하게 되는데, 하나는 담임목사와 다른 사역자들이 평신도들에게 알려 주고 싶은 내용을 평신도들에게 전달하여 주고, 다른 하나는 평신도들이 원하는 내용을 담임목사에게 전달해 주는 교량 역할을 하는 것이다.

- 교회가 처해 있는 분위기를 담임목사에게 수시로 알려 준다.
- 지역사회에서 영향력을 발휘하는 이를 담임목사에게 소개한다.
- 담임목사를 위하여 기도한다.
- 평신도들이 영적으로 갈망하는 것과 평신도들이 원하는 프로그램을 교회 사역자들에게 수시로 알려 준다.

(4) 개체교회의 전체 분위기를 파악하려고 노력한다.

개체교회의 각 위원들은 자기가 책임지고 있는 부서만을 잘 알고 있는 경향이 있다. 평신도대표는 전체를 파악하려고 노력해야 한다.

(5) 개체교회가 10월에 있는 평신도주일을 지키면, 담임목사와 상의하여 그 평신도주일을 주관한다.

(6) 평신도대표는 평신도 사역의 중요성을 강조하고, 전도와 봉사생활에 헌신할 수 있도록 도와주어야 한다.

(7) 평신도들에게 신앙훈련을 위한 정보를 제공하여 준다.

지방과 연회 차원에서 평신도들을 위한 훈련이 수시로 있다. 개체교회 평신도들이 이러한 훈련에 적극 참여하도록 권장한다.

(8) 교회임원회, 재정위원회, 목회위원회, 공천위원회 당연직 회원이다. 평신도대표의 역할은 어디까지나 교회의 각 기관이 책임을 완수할 수 있도록 권고해 주고 지원해 주는 일이다. 한 가지 명심할 일은 각 부서의 장들이 평신도대표에게 보고할 필요는 없다는 사실이다. 부서장들은 교회임원회에 보고하게 되어 있다.

(9) 평신도대표와 연회평신도회원을 겸임하고 있으면 연회에 참석하여 개체교회를 대변한다. (연회평신도회원을 보라.)

연회평신도회원으로 연회에 갈 경우는 개체교회와 연회를 연결하는 교량 역할을 하게 된다. 연회에 참석해서는 개체교회를 대변하고, 연회가 끝난 후에는 연회가 결정한 사항들을 개체교회에 보고하여 준다. 특히 개체교회에 직접 영향을 미칠 수 있는 결정사항들을 염두에 두고 보고하는 것이 좋다.

※자료와 정보※

* 장정 2016 (The United Methodist Publishing House), ISBN: 9781501833311. 주문: cokesbury.com or ☏ 1-866-629-3101
* *The Official Program Calendar of The United Methodist Church* (United Methodist Communications). Published annually each summer for the following year. ☏ 1-888-346-3862.
* *The Structure of The United Methodist Church,* This resource covers organization, structure, episcopal leadership, general church information, and sharing our gifts. ☏ 1-888-862-3242.
* 말씀과 생활: 강해 성경공부 원달준 지음 (Nashville: Cokesbury Press, 2012-2016). 말씀과 생활은 모두 30권으로 되어 있으며, 창세기부터 요한계시록까지 성경 66권 전체를 각 권마다 개별로 공부할 수 있는 것이 특징이다. 말씀과 생활은 성경 말씀 속으로 좀 더 깊이 들어갈 수 있도록 안내하여 주고, 말씀 속에 들어가서 하나님의 음성을 듣고, 하나님을 만나고, 하나님의 뜻을 헤아려 알고, 깨달은 말씀을 조용하게 묵상해 보고 우리의 생활 속에서 적용할 수 있도록 안내해 주는 책자이다.
주문: cokesbury.com or ☏ 1-866-629-3101.
* 섬기는 평신도 지도자 (Abingdon Press, 2003), ISBN: 978068702-4261. 김정호 김중언 원달준 조영진 공저. 평신도 훈련교재
주문: ☏ 1-866-629-3101 or www.cokesbury.com
* 연합감리교회의 특징 (Cokesbury Press). ISBN: 9781501808364.
주문: ☏ 1-866-629-3101 or www.cokesbury.com
* *The Lay Equipping Resource,*
주문: ☏ 1-800-814-7833 or www.umcdiscipleship.org

연회평신도회원
(Lay Member of Annual Conference)

1. 연회평신도회원의 책임 (장정 ¶602.6 ¶604.4-13)
 (1) 평신도대표와 연회평신도회원을 같은 사람으로 세울 수 있지만 분리하여 세울 수도 있다. 연회평신도회원은 연회의 정식 대표로서 연회 기간 중 모든 사무와 활동에 참여하고 투표할 수 있고, 다만 목사의 자격과 소속에 관한 사항만 투표할 수 없다. 연회는 일정한 지역 교회들의 연대체제이며, 일년 예산을 책정하고, 연회 감독은 목사를 일년 동안 파송하는 일을 한다.
 (2) 개체교회의 필요와 관심들을 연회에 전달해 줌으로써 개체교회와 연회 간에 교량 역할을 한다.
 (3) 교회임원회에 참여하여 연회의 결정과 프로그램 정책 등을 개체 교회에 전달해 줌으로써 연회와 개체교회를 연결하여 준다.
 (4) 연회평신도회원은 직권상 구역회, 교회임원회, 재정위원회, 목회위원회, 공천위원회의 당연직 회원이 된다.
 (5) 장정을 대충 익혀둔다.
 (**주의사항**: 연회회원의 숫자는 교역자와 평신도의 숫자가 똑같아야 하기 때문에 교역자와 연회평신도회원의 동수를 요구하는 장정 법규에 따라 연회는 추가로 연회평신도회원을 지방회를 통해 보선하는 경우가 있다. 이렇게 지방회를 통해 선출된 연회평신도회원은 연회에서 연회와 관련된 모든 권한을 행사할 수 있지만, 개체교회 구역회에서 선출된 연회평신도회원처럼 개체교회 당연직의 회원은 될 수 없다. 즉, 구역회, 교회임원회, 재정위원회, 목회위원회, 공천위원회의 당연직 회원이 될 수 없다는 뜻이다. 뿐만 아니라 평신도대표와 연회평신도회원이 분리되어 있을 경우, 연회평신도회원은 공천위원회를 위한 당연직이 아니다.)

2. 연회평신도회원 선출과 임기
 공천위원회의 천거를 받아 구역회에서 선출되며, 임기는 1년이다.
 (연회는 1년에 한 번만 모이기 때문에 연회평신도회원은 임기가 길수록 연회와 지방회와 교단 목표에 더 익숙해질 수 있다. 그래서 봉사기간이 길면 길수록 연회와 개체교회 사이에 교량 역할을 잘 하게 될 것이다.)

3. 연회평신도회원과 연회
 연합감리교회는 연대체제(connectional system)를 유지하는 교단이다.

연대체제란 선교를 위하여 개체교회들이 소속되어 있는 연회를 중심으로 하여 언약으로 서로 연결되어 있다는 뜻이다. 연회평신도회원은 개체교회를 대표하여 연회에 참석하는 사람이기 때문에 연회에 막대한 영향을 끼치는 사람이다.

(1) 연회 전에 할 일
- 담임목사로부터 연회 날짜와 장소를 알아둔다. 연합감리교회의 연회들은 대부분 5월 말부터 6월 셋째 주일 사이에 모인다.
- 연회 사무실로부터 연회에 제출할 결의안 마감일을 알아둔다. 개체교회나 개인이 연회 분과위원회에 결의안을 제출하려고 한다면 그 과정을 잘 알아두어야 효과적이다.
- 연회에서 준비한 연회 보고서와 회의할 내용이 담긴 책자를 연회 전에 입수하여 자세히 검토한다.
- 연회 안에 있는 위원회에 속하여 봉사하게 될 경우 담임목사에게 위원회의 성격, 때, 장소를 미리 알아둔다.
- 연회록과 장정을 확보하여 연합감리교회의 구조에 익숙해진다.
- 적어도 다음 직책을 가진 사람들의 이름을 알아둘 필요가 있다: 감독, 감리사, 연회평신도대표, 연회여선교회 회장, 연회남선교회 회장, 연회중고등부 회장, 연회평신도회원들과 그들의 직책.

(2) 연회기간 중에 할 일
연회는 개체교회에 영향을 미칠 문제들을 깊이 연구하고 토론하고 또 바로 투표할 수 있는 연회평신도회원들을 필요로 한다. 연회평신도회원들은 연회 기간 중에 목사들을 위한 안수 자격과 목사의 연회소속 문제만 제외하고 모든 연회 안건을 평신도와 교역자들이 함께 투표하게 되어 있다.
- 매일의 연회 일정표를 따른다. 중요한 결정사항들을 미리 알아둔다. 연회는 나름대로 진행 절차가 다르기 때문에 우리 연회의 진행 절차에 대하여 미리 경험자로부터 설명을 들어두는 것이 좋다.
- 연회에서는 때로 개체교회의 관심사와 연회 차원에서 토의되는 내용이 다를 수도 있다. 평신도는 개체교회를 대표하지만 본인의 신앙 차원에서 투표할 수도 있고 기권할 수도 있다.
- 연회 기간 동안에 있는 모든 예배에 참여한다.
- 연회 기간 동안에 성경공부가 있으면 참여한다.
- 콕스베리 서점이나 자료 전시장을 방문하여 개체교회가 사용할 수 있는 자료들을 찾아본다.
- 연회가 시작하기 전이나 하루의 회의가 끝났을 때 담임목사와 개체교회에 영향을 미칠 내용들을 같이 훑어본다.

(3) 연회 후에 할 일

연회 후에 할 일은 연회의 새로운 결정과 프로그램들을 교인들에게 설명해 주고 후원하는 일이다. 연회평신도회원은 연회와 개체교회의 교량 역할을 하는 사람이다. 교량 역할을 충실하게 하기 위해서는 좋은 해설자가 되어야 한다. 연회평신도회원으로서 개인적으로 동의하지 않은 일이라 하여도 일단 연회사업으로 채택되었으면 이에 동조하고 후원하는 것이 마땅하다.

연회평신도회원은 연회의 사업을 개체교회의 사업계획에 연결시킬 수 있는 길을 찾으려고 노력해야 한다. 교회임원회와 재정위원회의 회원으로서 연회의 결정사항들 중에 개체교회의 예산편성에 영향을 끼칠 것들이 있으면 (선교분담금과 특별선교헌금 등) 설명해 준다. 또한 목회위원회의 위원으로서 교역자 최저봉급의 변경이나 목사관의 기준, 연장교육 정책, 은급비, 건강보험 등의 변경사항을 설명해 주어야 한다.

연회가 끝난 후 연회평신도회원은 예배시간에 연회에서 일어난 중요한 일들을 구두로 보고하거나 뉴스레터에 기고하도록 요청받을 것이다. 조리 있게 보고할 수 있도록 준비해야 한다. 이를 위해 다루어야 할 분야들은 다음과 같다.

• 개체교회의 목표와 연결되는 연회의 결정사항들은 무엇인지 교회임원회에 보고한다.
• 개체교회의 선교분담금과 행정적 변화를 가져와야 할 연회의 결정사항들을 재정위원회와 교회임원회에 보고한다.
• 선교분담금과 특별기금에 관계된 연회의 결정사항을 재정위원회에 보고한다.
• 연회의 결정사항 중에 목회위원회와 나누어야 할 일들을 보고한다 (예: 담임목사 최저봉급, 목사관 기준 등).
• 연회에서 세운 우선순위 사업과 관련된 부서에 보고한다.

(4) 총회 및 지역총회대의원 선출

4년마다 모든 연회는 교단의 신학, 방향설정, 입법을 위하여 목사와 평신도를 동수로 하여 총회대의원들을 선출하고, 지역총회(감독선거와 다른 중요한 결정을 위하여)대의원들을 더 추가하여 선출한다. 평신도들은 평신도대의원들을 선출하게 되어 있고, 평신도대의원은 평신도로부터 ⅔의 투표를 얻어야 한다. 목사들은 목사대의원들을 선출하게 되어 있고, 목사대의원은 목사들로부터 ⅔의 투표를 얻어야 한다.

(그러나 시간이 부족할 때에는 연회원들이 선거 방법을 절충할 수 있다. 선출과정에 있어서 공천마감이라는 것은 없고, 공천과정은 개방되어 있다. 총회대의원은 자동적으로 지역총회대의원이 된다.)

각 연회는 교역자 연회원 375명에 교역자 대의원 1명과, 교역자가 375명 또는 이의 과반수가 넘을 때마다 1명을 추가할 수 있다. 평신도대의원은 각 연회 개체교회 교인 수의 처음 26,000명에 대의원 1명, 교인 수가 26,000명 또는 이의 과반수가 넘을 때마다 1명을 더 추가할 수 있게 되어 있다. 그러나 총회대의원의 총수는 1000명을 넘을 수 없다.

총회 및 지역총회 평신도대의원은 반드시 연회평신도회원 중에서만 선출되지 않고, 그 연회 안에 있는 평신도는 누구든지 선출될 자격이 있다. 만약 당신이 총회나 지역총회대의원으로 봉사하고 싶으면 다른 평신도들에게 의사표시를 하면 된다. 다른 사람들에게 알려지기 위하여 여러 회의에 참석하고, 만약 지방회나 연회에서 후보자들을 연회평신도회원들에게 소개하는 기회가 있으면, 그 과정에 참여하도록 한다. 대표로 당선되기 원하면 연회의 여러 가지 활동을 통해 경험을 쌓으면 좋다.

※자료와 정보※

*장정 2016 (The United Methodist Publishing House), ISBN: 9781501833311. 연합감리교회의 교리, 신학, 방향, 그리고 법이 담겨 있는 책이며 영어 장정은 전자책도 있다.
주문: ☎ 1-866-629-3101 or www.cokesbury.com

* *The Official Program Calendar of The United Methodist Church* (United Methodist Communications). Published annually each summer for the following year. ☎ 1-888-862-3242.

*말씀과 생활: 강해 성경공부 원달준 지음 (Nashville: Cokesbury Press, 2012-2016). 모두 30권으로 되어 있으며, 창세기부터 요한계시록까지 성경 66권 전체를 각 권마다 개별로 공부할 수 있다. 말씀과 생활은 성경 말씀 속으로 좀 더 깊이 들어갈 수 있도록 안내하여 주고, 말씀 속에 들어가서 하나님의 음성을 듣고, 하나님을 만나고, 하나님의 뜻을 헤아려 알고, 깨달은 말씀을 조용하게 묵상해 보고 우리의 생활 속에서 적용할 수 있도록 안내해 준다.
☎ 1-866-629-3101 or www.cokesbury.com

*연합감리교회의 특징 (Cokesbury Press). ISBN: 9781501808364.
☎ 1-866-629-3101 or www.cokesbury.com

II. 행정 부서
(Administration)

교회임원회
(Church Council)

교회임원회는 다음 해에 구역회가 모일 때까지 구역회를 대신하여 행정을 처리하는 부서이다. 교회임원회는 개체교회가 복음을 선포하고, 사람들을 찾아 교회로 영접하고, 교회로 받아들인 어린 아이로부터 어른에 이르기까지 예수 그리스도의 제자들이 될 수 있도록 훈련시켜 주며, 그들이 세상 속에서 예수 그리스도의 제자들로 살 수 있도록 도와줄 수 있는 길을 찾기 위하여 교회 비전과 사명을 세우고, 각 부서로 하여금 기획하고, 기획한 것을 실천에 옮기고, 교회의 모든 기획과 프로그램을 교회의 사명을 토대로 하여 적절한 사역이었는지 아닌지를 평가해 볼 수 있도록 인도해 주는 그룹이다.

1. 교회임원회의 책임 (장정 ¶251.3)
(1) 구역회를 대신하여 담임목사와 상의하여 교회 행정을 처리한다.
(2) 교회의 모든 조직기관의 활동을 조율한다.
(3) 양육사역, 대외선교사역, 증거사역을 위한 프로그램을 기획하고 책임을 부여한다.
(4) 교회가 필요로 하는 시설과 재정적인 지원방안을 검토한다.
(5) 개체교회와 관계된 모든 법적인 절차를 검토한다.
(6) 목회위원회와 재정위원회를 통하여 제의된 담임목사와 유급사역자의 봉급, 목사관 및 목회자의 기타 수당에 관계되는 예산을 구역회에 제출한다.
(7) 총회, 지역총회, 연회, 지방회에서 교단이 결정한 모든 종류의 선교비를 지원하고, 분담금을 납부하도록 노력한다.
(8) 구역회가 모이기 전에 생긴 임원들의 공석을 공천위원들의 추천에 따라 보선한다.
(9) 교회임원회 회장은 장정이 특별히 제한하지 않는 이상, 한 교회의 모든 위원회에 참석할 권한이 있다. (예, 목회위원회에는 임의로 참석할 수 없다. 연회평신도회원이 당연직으로 되어 있다.)

2. 교회임원회의 역할

(1) 양육사역, 대외선교사역, 증거사역을 위한 프로그램 기획

교회임원회는 개체교회의 전략을 위하여 존재하는 그룹이다. 그러므로 교회임원회는 개체교회를 관리하고 통제하기 위하여 존재하는 그룹이기보다는 개체교회로 하여금 비전과 사명을 가지고 지금의 시점에서 미래로 향하여 나아가도록 인도하는 그룹이다.

(2) 프로그램 이행

아무리 좋은 프로그램을 구상했다고 하더라도 그 프로그램을 이행하지 못하면 시간 낭비이다.

(3) 교회가 필요로 하는 시설과 재정적인 지원방안을 검토

교회임원회는 교회의 프로그램을 재정적으로 지원한다.

(4) 교회의 사명에 입각한 선교 조정

교회의 사명과 목적에 입각한 목적을 달성하기 위하여 재정 및 인적 지원이 있어야 하고, 적절한 구조와 진행이 필요하다.

(5) 프로그램 평가

프로그램 평가는 숫자를 놓고 평가하는 것보다는 사람들의 삶이 변화될 수 있도록 얼마만큼 질적으로 영향을 주었느냐가 평가되어야 한다. 성도들의 영적 성장을 도와주지 못하는 프로그램은 별 의미가 없다. 프로그램을 위한 프로그램은 시간과 재정 낭비일뿐이다.

3. 교회임원회 회장의 책임 (장정 P251)

(1) 교회임원회가 책임을 완수할 수 있도록 인도한다. 교회임원회는 교회의 비전, 목적, 전략, 프로그램을 설정하고 평가하는 그룹이다. 재단이사장, 교회회계, 연회평신도회원, 목회위원장을 제외하고 개체교회가 원하면 모든 위원회의 위원장은 두 사람이 공동으로 섬길 수 있다. 공동으로 섬기는 위원장들은 두 사람 다 교회임원회에 참석할 수 있다.

(2) 평신도가 임원회장의 책임을 맡고 있을 경우에는 담임목사와 교회임원들과 상의하여 회의 안건을 준비하고, 회의를 인도한다.

(3) 담임목사와 유급 사역자와 상의하여 교회의 모든 부서의 행사들이 잘 조화되어 진행될 수 있도록 도와준다.

(4) 연합감리교회의 정책과 교리를 잘 이해하려고 노력한다.

(5) 연회나 지방회에서 실시하는 지도자 훈련 프로그램에 참여하고, 교회임원들을 위한 훈련 방안을 구상한다.

(6) 임원회장은 구역회에서 보고할 내용을 준비시키고, 중복되는 것이 없도록 관장한다.

4. 교회임원회 회장의 선출과 임기

평신도가 임원회장직을 맡을 경우 공천위원회의 추천을 받아 구역회에서 선출되며, 임기는 1년이다.
(미국인연합감리교회에서는 담임목사가 임원회장직을 맡는 경우가 없지만, 한인연합감리교회에서는 지방감리사와 상의한 후 감리사의 허락하에 담임목사가 교회임원회 회장직을 맡을 수 있다.)

5. 교회임원회 회장이 알고 있어야 할 지식

(1) 기술적인 지식
  교회의 사역들이 어떻게 돌아가고, 위원들이나 지도자들이 하는 일들이 무엇인지 알고 있어야 하는 지식을 뜻한다.
(2) 영적인 지식
  본인 스스로가 하나님, 예수 그리스도, 성령, 교회, 성경에 대하여 알고 있는 지식을 뜻한다.
(3) 과정 지식
  일과를 성공리에 마칠 수 있는 지식, 회의를 인도하는 지식, 기획하고, 이행하고, 평가하는 지식을 뜻한다.
(4) 사람을 아는 지식
  다른 사람들과 일하는 방법, 문제가 생겼을 때 해결하는 방법, 나의 생각을 다른 사람들과 나누는 방법을 뜻한다.

6. 교회임원회의 조직 (장정 ¶258.4)

- 담임목사
- 교회의 유급사역자(유급사역자는 부목사를 포함하여)는 모두 교회임원회에 참석할 수 있으나 투표권은 없다.
- 교회임원회장 (평신도인 경우)
- 목회위원회 위원장
- 재단이사회 이사장
- 재정위원장
- 재무서기와 교회회계 (유급사역자일 경우 투표권이 없음)
- 교회 교적서기
- 양육, 대외선교, 증거 사역부장들/연합속회 속장 등등
- 평신도대표와 연회평신도회원
- 여선교회 회장과 남선교회 회장과 청소년부장

이민교회는 한국교회 전통에 따라 연합감리교회 체제에 없는 집

사, 권사, 장로 모두를 자동직으로 교회임원회에 포함시키는 경우가 많이 있다. 집사, 권사, 장로 모두를 임원회 회원이 되게 조직하느냐 아니면 특정한 부서의 사람들만 포함시키느냐 하는 이슈는 개체교회의 재량에 달려 있다. 연합감리교회 장정은 교회임원회 안에 목회위원회, 재정위원회, 재단이사회, 공천위원회, 평신도대표, 연회평신도회원, 양육사역부, 대외선교사역부, 증거사역부를 대변할 수 있는 부서들을 필히 조직하도록 되어 있고, 나머지 부서는 개체교회 사역의 필요에 따라 구역회에서 임의대로 조직하게 되어 있다. 조직을 위하여 조직하는 것이 아니라 사역을 하기 위하여 조직하기 때문이다.

 (**주의사항**: 교회임원회는 연합감리교회 조직상 구역회를 대변하는 개체교회의 기본 행정 조직이다. 그러므로 장정은 교회 안에 두세 개의 다른 행정 그룹들을 조직하여 임원회 기능을 하는 조직을 허용하지 않는다.

 그러므로 한인연합감리교회는 교회임원회로 임원회를 구성하든, 한국 전통에 따라 집사, 권사, 장로들을 다 포함시키는 제직회로 구성하든, 한 임원회만 조직해야 한다. 교회임원회가 결정한 사항을 장로회에서 뒤엎을 수 없다. 행정 조직상 장로회가 교회임원회를 대행하여 결정할 수 없다는 뜻이다. 교회임원회는 장정상 구역회를 대행하여 결정하는 대표 기구이기 때문에 개체교회를 위한 결정권이 주어진 기구이다. 구역회는 지방회와 연회와 연대관계를 가지고 있는 조직이다. 단 개체교회가 한국 전통에 따라 포괄적인 임원회를 구성하기를 원하는 경우, 장정에서 언급하고 있는 여섯 부서는 꼭 포함시켜야 하는 부서들을 포함시키면 된다. 그러면 그것이 교회임원회가 되는 것이다.)

7. 교회임원들과 임원회장의 기본적인 마음 자세

 (1) 행동하기 전에 생각해 보자
 교회의 많은 활동들이 가치 있는 것들이지만 교인들의 영적 갈망을 채워주지 못하면 오래 지속되지 못한다.

 (2) 비전: 교회의 목적과 이유
 요즈음 비전과 사명을 다양하게 설명하고 있다. 그러나 간단하게 말해서 비전은 그림을 담기 위한 사진틀로 생각하고, 사명은 구체적인 그림으로 생각하면 이해하기 쉽다. 우리교회가 담을 수 있는 독특한 그림을 사진틀에 담기 위해서는 현재 이 시점에서 선교하는 우리교회가 어디에 서 있는가를 알아둘 필요가 있다.

 (3) 도구: 교회의 조직
 교회의 조직은 선교활동 혹은 사역활동을 도와주기 위해 있는 도구이다.

도구를 사용하는 사람이 아무리 교육을 많이 받은 유능한 사람들일지라도 도구가 빈약하면 큰 효과를 나타낼 수 없다. 반면에 조직이 아무리 잘 되어 있어도 사역을 하지 아니하면 아무 필요가 없는 것이다. 그러므로 우리 모두는 교회를 위한 제일 좋은 도구 혹은 조직이 무엇일지 항상 생각해 보아야 한다.

(4) 과정

작은 교회이든 큰 교회이든, 미래를 향해 순조롭게 질주할 수 있도록 고속도로가 잘 닦여져 있는 교회는 하나도 없다. 믿음이 인도하는 대로 보이지 않는 미래의 것을 결정하고 있을 뿐이다. 다시 말해, 결과가 잘 보장되어 있는 결정은 있을 수 없다는 이야기이다.

(5) 필히 제기되어야 할 질문들

우리가 그리스도를 따르는 신앙인들이기 때문에 가치관, 신학, 영성의 세계와 관계된 질문들은 무엇인가? 행동에 옮길 수 있는 가장 효과적인 방법은 무엇일까?

(6) 지도자로서의 역할

오케스트라에는 여러 종류의 악기가 있고, 각 악기는 독특한 소리를 내게 되어 있다. 그러나 오케스트라에는 소리를 내지 않는 부분이 하나 있는데, 그것은 지휘자의 역할이다. 지휘자가 없이는 아름답게 조화된 소리를 낼 수 없다. 음악가들은 악기도 필요하고 지휘자도 필요하다는 사실을 잘 알고 있다. 오케스트라에 많은 악기가 있듯이, 어느 조직이건 그 속에는 회원이 있다. 어느 조직이든지 그 조직의 전체를 볼 수 있고, 또 그 조직을 미래로 이끌 수 있는 지도자가 필요하다. 교회임원회의 책임이 바로 이 기능을 맡은 사람들이다.

(7) 성공적인 교회임원회를 운영하려면 어떻게 해야 하는가?

첫째로, 회의준비를 철저하게 해야 한다.

둘째로, 가능하면 임원회장은 모두가 다 아는 용어를 사용해야 한다. 새로 선출된 임원들이 잘 참여할 수 있도록 잘 설명해 주어야 한다.

셋째로, 일반적으로 한인들은 회의 문화 속에서 성장한 사람들이 아니기 때문에 기본적인 회의진행 원칙을 잘 설명하여 주어야 한다.

회의를 진행하는 데 필요한 원칙을 세우는 이유는 두 가지 이유 때문이다. 하나는 회의하는 동안 질서를 유지하려는 것이고, 다른 하나는 모든 사람들이 참여할 수 있는 기회를 주기 위함이다. 의결을 하게 될 때, 의사진행 절차를 따를 것인지, 아니면 아멘으로 할 것인지, 또는 두 가지 방법을 다 사용할 것인지를 미리 정해 두는 것이 좋다. 회의를 진행하는 데 혼선은 피할수록 좋다.

넷째로, 민주주의 문화 체제에서 사는 사람들에게 의견 대립은 정상적인 일이다. 사람들은 생활환경, 성장과정, 교육배경 등에 따라 서로 다른 가치관을 가지고 있다. 따라서 어떤 안건을 놓고 의견이 서로 일치되지 않는 것은 아주 자연스러운 일이다. 때로는 아무 대립 없이 만장일치로 안건을 가결할 수 있지만 그렇지 못할 경우도 많다. 회장은 모든 일을 냉정하고 공정하게 처리해 나가야 하며, 모든 안건에 대하여 솔직하게 정보를 제공하여 오해가 없도록 하여야 한다.

(8) 회의 전에 할 일:
목사와 상의하여 안건을 결정한다. 해당 안건의 발의자에게 준비시키고 시간을 할당해 준다. 장소와 시간을 미리 통고하여 준다.

(9) 회의 중에 할 일:
• 회의를 정각에 시작하고 정각에 끝낸다.
• 처음 회의를 시작할 때, 안건을 수정하고 그대로 처리해 나간다.
• 서기에게 회의록을 기록하도록 한다.
• 모든 교회임원들이 토의에 참여토록 권장하되 의견 대립이 불가피함을 인식시킨다. 안건을 분명히 설명하여 결정하게 한다.
• 참석자가 충분히 의견을 발표하도록 시간 배정을 적절히 한다.
• 처리하지 못한 안건은 다음 회의로 넘기든가 아니면 시간을 연장하여서라도 결말을 본 후 폐회한다.

(10) 회의 후에 할 일:
• 결정된 사항을 재검토하여 해당 임원이나 교회직원에게 통보한다.
• 책임을 맡은 임원이나 직원들의 실천과정을 채근하고 협조한다.
• 다음 모임에서 다루어야 할 안건들을 정리하기 시작한다.

(**주의사항**: 임원회장은 임원들이 질서 있게 회의하는 방법을 잘 모르고 있는 사람들이 있다는 사실에 유의해야 한다. 문제가 생길 때마다 합법적인 이유를 잘 설명하여 주어야 한다. 그리고 사람들의 의견이 언제나 같을 수 없다는 사실도 명심해야 한다. 다른 사람이 나와 다른 견해를 가지고 있다 해서 설득하려 들면 안 된다. 자기 의견을 충분히 설명하고 결정은 나중에 투표에 맡기면 그만이다.

회의 문화에 익숙하지 못한 사람들은 토론이 자칫하면 반목으로 번지기 쉽고, 감정이 악화되어 원수가 되기 쉽다. 남의 의견을 경청하고 존중하는 일이 민주주의의 제1단계임을 명심해야 한다. 임원회장은 특별히 이 점에 유의하여 토론시간을 적절히 조정하도록 해야 한다. 결론적으로 교회임원들은 늘 교회의 선교적 사명이 무엇인가 하는 것을 마음에 간직하고 회의에 참여해야 한다.)

8. 지도력

지도자의 역할이 운동경기 선수들을 발굴하고 훈련시키는 코치와 같다면, 지도력은 운동선수들이 가지고 있는 재능들을 잘 조화시켜 승리로 이끄는 기술을 말하는 것이다. 교회임원회는 지도자 발굴, 훈련, 재능과 은사를 전개시킬 수 있는 지도력을 발휘하는 유기체이다.

9. 위원

각 부서의 위원들은 책임과 한계를 명확하게 해야 한다. 한두 명 영향력 있는 교회 지도자로 인하여 위원의 권한이 약화되어서는 안 된다.

10. 홍보

결정된 내용은 정확하고 신속하게 알려야 한다.

※자료와 정보※

* 장정 2016 (The United Methodist Publishing House), ISBN: 9781501833311. ☎ 1-866-629-3101 or www.cokesbury.com
* 연합감리교회의 특징 (Cokesbury Press), ISBN: 9781501808364. 주문: ☎ 1-866-629-3101 or www.cokesbury.com
* *Leadership Essentials: Practical Tools for Leading in the Church* by Carol Cartmill and Yvonne Gentile (Nashville: Abingdon Press, 2006), ISBN: 9780687335954. 주문: ☎ 1-866-629-3101 or www.cokesbury.com
* *What Every Leader Needs to Know About*…(series). (Nashville: Discipleship Resources, revised 2008).
　Series available only as PDF downloads. Search the title at www.bookstore.upperroom.org. And search the title at www.bookstore.upperrom.org (Leading Meetings, Mission and Vision, Spiritual Leadership, Leading in Prayer).
* www.deepeningyoureffectiveness.org
* www.faithfulljourney.org
* www.churchleaderumc.com
* www.gbod.org/committee resources

공천위원회
(Nominations and Leadership Development)

"공천위원회의 임무는 개체교회를 위하여 크리스천 영적 지도자들을 발굴, 개발, 임명, 평가 내지 모니터하는 일이다." (장정 ¶258.1)
다시 말해, 공천위원회의 책임은 지도자를 개발하는 일이다.

1. 공천위원회의 책임
(1) 교인들이 받은 은사와 재능을 찾아내는 일에 힘쓴다. 교회의 기본 사명과 교회가 하고 있는 사역 전반에 관하여 알아둔다.
(2) 교인들이 받은 은사와 재능을 사역에 사용할 수 있도록 개발시켜 준다.
(3) 교회와 지역사회와 세상이 필요로 하는 모든 부서를 섬길 수 있는 이들을 찾아내고 구역회에 천거한다.
(4) 지도력을 발휘할 수 있도록 훈련시켜 준다.
(5) 교회에서 지도력을 발휘할 수 있는 모든 사람들을 익혀둔다.
(6) 교회가 필요로 하는 모든 직분과 책임의 내용에 대하여 알아둔다.
(7) 공천 과정에서 언급된 내용들을 비밀로 지킨다.

2. 공천위원의 선출과 임기
공천위원들은 3년 임기로 선출되며, 위원들을 3년조로 나누어 매년 ⅓의 위원만 교체하여 개체교회의 연속성을 유지하도록 한다.
3년조 위원들 중에 공석이 생기면 그 공석을 채워도 되고, 그대로 공석으로 두었다가 3년조 임기가 끝나는 해에 새로 선출해도 된다. 공천위원회는 보통 임기를 마치는 위원들이 재선되지 않도록 하는 것이 바람직하다.
공천위원회 위원들은 공천위원회가 공천하지 않고 구역회 석상에서 직접 공천을 받아 선출하게 되어 있지만, 한인교회에서는 공천위원들이 천거하는 교회가 많이 있다. 그러나 감리사가 회의석상에서 꼭 물어본다. 목사와 평신도대표는 공천위원회의 당연직이고, 목사는 당연직 위원장이다.

3. 공천위원회의 조직
• 구역회에서 선출된 평신도 9명

- 담임목사 (당연직이며 공천위원회 위원장이다)
- 평신도대표 (당연직)
- 연회평신도회원 (당연직. 단 평신도대표와 연회평신도회원이 겸임했을 경우만 당연직이다. 평신도대표와 연회평신도회원이 각각 분리되어 있으면 연회평신도회원은 당연직이 아니다.)

공천위원회는 담임목사와 평신도대표를 포함해서 11명이 넘지 않아야 한다. 구역회는 평신도 9명 이상을 추천할 수 없다는 말이다. 담임목사가 당연직 위원장이기 때문에 위원장을 추천할 필요가 없으며, 만약 개체교회에서 필요로 한다면, 평신도 중에서 부위원장과 서기를 선출하면 된다. 이 서기는 교회임원회와 구역회의 회원이 된다. 한 목사가 두 개 이상의 교회를 담당하고 있으면 개체교회마다 공천위원회를 조직한다.

4. 공천위원회가 매해 공천하는 지도자들 (장정 P249)

임원회장, 공천위원회 회원, 목회위원회 회원과 위원장, 재정부장, 재무회계, 재단이사회 회원와 이사장, 연회평신도회원, 평신도대표, 교회 교적서기. 남/여선교회 회장들은 선교회에서 직접 선출한다.

5. 공천위원회의 책임수행 과정의 실제

교회에는 여러 종류의 은사와 재능을 가진 사람들이 있다. 은사는 그리스도의 몸을 세우고 섬기기 위하여 성령께서 주신 선물이고, 재능은 타고나거나 개발하는 경우가 많다. 개체교회의 성장은 사람들이 받은 은사를 사람들의 필요와 어떻게 연결시켜 줄 수 있느냐에 달려 있다. 필요가 충족되지 않으면, 하나님의 몸은 고통을 당하게 되어 있다. 공천위원들은 교인들이 받은 은사와 재능을 다른 사람들의 필요와 연결시켜 주는 사람들이다.

연초에 새 공천위원회가 제일 먼저 해야 할 일은 교회가 필요로 하는 직책을 다시 검토해 보는 작업이다. 교단 차원에서 개체교회에 꼭 두어야 할 위원들만 제외하고 개체교회 선교 형편에 맞게 위원들을 늘 검토해 보아야 한다.

공천위원회가 구체적으로 해야 할 일을 서술하면 다음과 같다:
(1) 교회가 필요로 하는 직책을 확인한다.
(2) 각 직분에 대한 직책설명서(Job description)를 작성한다.
(3) 교회의 직분을 맡기에 필요한 자질이 무엇인가 확인한다. 근본적으로 좋은 지도자가 갖추어야 할 자질을 열거하면 다음과 같다.
- 교회가 설정한 목표를 이해할 수 있는 사람
- 남의 말에 귀를 기울이는 사람

- 각 개인 한 사람 한 사람에게 관심을 보이는 사람
- 언제, 어떻게 다른 사람에게 책임을 양보할 줄 아는 사람
- 책임감이 강하고, 맡은 일에 헌신할 줄 아는 사람
- 반대를 하다가도 대다수가 결정하면 그것을 따를 수 있는 사람
- 토론을 통하여 의견을 일치시킬 줄 하는 사람
- 자기가 책임 맡은 일을 평가할 줄 아는 사람
- 회의를 인도할 수 있는 사람

(4) 각 교인에 대한 신상명세서를 작성한다.

물론 전 교인을 상대로 할 필요는 없고 앞으로 직분을 맡을 수 있다고 생각이 드는 사람과 지금 맡고 있는 교우들에 대해 할 필요가 있다. 이런 신상명세서는 비밀을 지켜야 하며 다음과 같은 항목들을 수록함이 좋다.

- 성명, 생년월일, 집주소 및 전화번호
- 가족관계 (독신, 배우자와 자녀들의 이름)
- 직업과 직장 이름, 전화번호
- 재능과 은사와 취미와 특기
- 교육과 훈련
- 교회를 위해 바칠 수 있는 시간
- 교회 경험, 현재 하고 있는 교회활동
- 과거 직분을 맡은 경력 (구체적으로 직분의 명칭과 기간)

이러한 정보는 각 개인을 직접 만나서 물어 보거나 설문지를 작성하여 우송하여 얻을 수도 있고, 교회 뉴스레터를 통하여 얻을 수도 있고, 예배 후 잠깐 모여 수집할 수도 있을 것이다.

(5) 위에 적은 네 가지 일은 동시에 해야 할 위원회의 기초 작업이다.

이 신상명세서 작업이 되어 있지 않으면 우선 이것부터 먼저 하고 다음 단계로 넘어가야 할 것이다. 이 일이 다 끝났으면 다음에 직분을 맡길 사람을 선정한다. 사람을 선정함에 있어 교인들의 연령층, 성, 교육 배경, 직업, 신학적 경향 등을 고려하여 너무 한쪽으로 치우치는 공천을 하지 않도록 주의해야 한다. 공천작업이란 각 개인을 놓고 평가하는 일이므로, 각 위원들은 위원회에서 토의된 내용에 대하여 오해가 없도록 비밀로 할 것은 비밀로 하고 공개할 것은 공개해야 한다. 공천 절차에 대한 순서를 제시하면 다음과 같다.

- 기도로 모임을 시작하여 성령의 인도하심을 구한다.
- 필요한 직분을 다시 검토하여 리스트를 작성한다.
- 각 개인에 대한 신상명세서를 보고 짝을 짓는다.

이때 한 사람만 정할 것이 아니라 제2후보자도 선정해 놓는 것이

좋다. 선정 과정에서 염두에 두어야 할 것은 그 사람의 교회 및 지역사회에서의 경험, 교회에 대한 관심과 의욕, 교육, 능력 및 은사, 교회에 봉사할 수 있는 시간의 정도 등이다.

(6) 선정된 사람들과 접촉하여 그들에게 봉사할 기회를 제공한다.

이 일에는 특히 신중을 기해야 한다. 한국사회와 같이 체면을 중요시하고 수직관계의 조직에서 자라온 이들에게는 무슨 직책을 내가 맡았는지가 중요하다. 남보다 책임이 덜 중요한 직분을 맡기려 하면 불쾌하게 생각하는 사람들이 있다. 이 과정에 있어 다음과 같은 점들에 유의해야 한다:

• 선정된 사람들을 책임 맡고 접촉할 위원들의 리스트를 서기가 작성하여 채근한다. 위원들이 이 일을 서로 나누어 하는 것이 좋다.

• 본인과 만날 시간을 정하라. 전화로 말하는 것보다 본인을 직접 만나서 말하는 것이 일의 중요성을 간접적으로 설명하기 때문에 효과적이다.

• 직책의 중요성과 책임에 대하여 솔직하게 설명하라. 직책설명서의 사본을 본인에게 주어 그가 어떤 일에, 어떤 책임을 지고, 누구와, 어떻게, 얼마나 많은 시간을 소비하며 일하게 되는지를 분명히 설명해 주어야 한다. "일이 가볍습니다. 시간을 얼마 쓰지 않아도 됩니다" 등의 말은 삼가는 것이 좋다.

• 일의 중요성을 강조하라. 이 일을 맡음으로써 교회의 선교에 크게 기여하게 됨을 강조해야 한다. 또한 그 일을 수행하는 데 필요한 시간을 솔직히 알려 주어야 한다.

• 선거 과정에 대하여 설명하라. 본인이 이 직분을 수락하면 공천위원회가 구역회에 정식으로 이름을 제출하는데, 회의법상 구역회 석상에서 다른 사람이 공천되어 당선될 수도 있음을 알려 주어야 한다.

• 생각해 볼 시간적 여유를 주라.

• 만일 선정된 사람이 수락을 거부하면 그 이유를 알아내라. 지금은 못하지만 다음 기회에는 할 수 있는지? 이 직분에는 흥미 없으나 다른 직분에는 관심이 있는지 알아두는 것이 좋다.

• 본인과의 접촉 결과를 곧 서기나 위원회에 보고하라.

• 본인이 수락하기 전에는 절대로 공천하지 말라.

(7) 구역회에 공천자 명단을 사본하여 제출한다.

필요하다면 공천 과정을 설명하는 것도 좋을 것이다.

(8) 교회는 구역회 직후에 임원수련회를 준비하는 것이 이상적이다. 이 수련회는 담임목사와 상의하여 순서를 짜는 것이 바람직하다.

5. 집사, 권사, 장로 후보는 누가 추천하나?

공천위원회와 관련하여 한인교회가 제일 많이 질문하는 것 중에 하나가 공천위원들이 신천 집사, 권사, 장로 후보까지 공천하느냐, 아니면 특별위원회에서 공천하느냐 하는 질문이다. 집사, 권사, 장로 제도는 연합감리교회의 공식 제도가 아니고 한인교회 전통에 따라 한인교회에서만 사용하고 있는 제도이기 때문에 교단 차원에서 합법적으로 답을 할 수 있는 것이 아니다. 개체교회의 선교 목적에 따라 가장 건설적인 방법으로 개체교회에서 해결하면 된다. 기존 공천위원회에서 선출할 수도 있고, 권사와 장로를 중심으로 위원회를 조직하여 선출할 수도 있고, 신급제도를 위한 특별위원회를 조직하여 선출할 수 있을 것이다. 그러나 한 가지 명심할 것은 특별위원회 멤버들이 교회의 임원 전체를 공천할 수 없다는 사실이다. 구역회에서 선출된 공천위원회가 이 일을 하게 되어 있기 때문이다.

6. 평가

평가회를 가질 때에는 계획 자체와 지도자를 동시에 평가해야 한다. 지도자는 유능한데 계획이 잘못 되어 있을 수도 있고, 계획은 좋은데 지도자가 역부족일 수도 있기 때문이다.

※자료와 정보※

* 장정 2016 (The United Methodist Publishing House), ISBN: 9781501833311.

☎ 1-866-629-3101 or www.cokesbury.com

* *Concepts in Leadership I and II are Learning and Leading courses for leadership development* (Discipleship Resources) Available for download from www.upperroom.org/bookstore.

* *Job Descriptions and Leadership Training for Local Church Leaders* (Nashville: Discipleship Resources, 2017-2020). A set of descriptions for local church offices. The envelope contains a manual for leadership development and training designs. For use by the committee on lay leadership and in the orientation of each officer. ☎ 1-800-814-7833

* *The Structure and Organization of The United Methodist Church* (United Methodist Communications).

☎ 1-888-862-3242.

목회위원회
(Pastor/Staff-Parish Relations Committee)

　목회위원회는 개체교회의 행정부서 중 하나이다. 이 부서는 담임목사 및 교회 다른 유급 사역자들과 회중을 연결하여 주고 감리사와 회중 사이에서 교량 역할을 하는 행정부서이다. 목회위원회는 감독의 파송을 받아 부임한 목사이든 교회 자체에서 초청한 사역자이든 사례를 받는 한 모든 사역자는 목회위원회와 함께 사역하게 되어 있다.
　목회위원이 한 가지 명심할 사항은 이 목회위원회는 담임목사와 다른 유급사역자들이 받은 은사를 최대한 활용할 수 있도록 도와주는 데 있는 것이지, 목회위원회가 직접 목회에 개입하고 목회를 하는 부서가 아니라는 사실이다.

1. 목회위원회의 책임 (장정 ¶258.4.g)
　(1) 파송을 위하여 감리사나 감독과 상의한다.
　(2) 사역의 성격과 기능을 목사와 회중에게 설명하여 준다.
　(3) 개체교회의 사역을 확장시키기 위하여 유급사역자가 필요할 경우 목회위원회는 교회임원회에 그 직책에 대한 승인을 요구해야 한다. 임원회가 새로운 유급직책을 승인하면 재정부에 경비를 요구한다. 재정부는 교회임원회에 유급사역자에 필요한 총액을 요청한다. 교회임원회가 총액을 승인하면 유급사역자를 선정하여 초청할 수 있다.
　(4) 교역자가 갑자기 목사의 임무를 수행하지 못하게 될 경우, 이것을 감리사와 의논하여 처리한다.
　(5) 담임목사, 부목사, 유급사역자와의 관계에 대해 상의한다.
　(6) 담임목사와 상의하여 부목사와 유급사역자의 직책설명서를 작성한다.
　(7) 담임목사, 부목사, 유급사역자들과 함께 교회임원회나 구역회가 설정한 교회의 방향과 비전에 대한 실행 여부를 상의한다.
　(8) 담임목사와 부목사 및 유급직원의 연봉, 교통비, 휴가, 건강보험, 연금, 주택, 그밖에 담임목사와 유급사역자의 활동과 가족에 영향을 미치는 실제적인 문제들에 관하여 의논하여 관계된 부서에 보고한다. (예를 들어, 봉급은 재정위원회에 보고하고, 주택은 재단이사회에 보고한다.)

(9) 담임목사와 부목사와 유급사역자를 위한 연장교육을 위한 재정을 확보한다.
(10) 성직을 지망하는 이들을 발굴하여 구역회에 천거한다.
(11) 비밀에 관한 정보는 절대로 다른 교인들과 나누지 않는다.
(12) 성적 위법 행위(성희롱 및 학대, 성차별, 포르노)에 관한 규칙을 성문화시킨다.

2. 목회위원회의 선출과 임기

목회위원회는 5-9명 이내의 평신도로 구성되며, 공천위원회의 천거를 받아 구역회에서 3년 임기로 매년 선출된다. 평신도대표/연회평신도회원은 목회위원의 당연직이다. 그렇지만 평신도대표와 연회평신도회원이 각각 분리되어 있으면 평신도대표는 당연직이 아니다. 그리고 목회위원회는 계속성을 유지하기 위하여 목회위원들을 일 년에 ⅓만 교체하도록 되어 있고, 개체교회는 개체교회 사역의 연속성을 도모하기 위하여 임기가 끝나는 현 목회위원을 한 번 더 공천할 수 있다.

한 가지 특이할 만한 것은 이 위원회만이 담임목사 혹은 부목사와 그의 가족, 그리고 유급사역자들의 직계가족을 (가능하면 친척들도) 위원회로 포함시키지 않도록 <u>장정</u>이 규정하고 있다. 그 이유는 이 위원회에서 교역자나 유급사역자들의 거취와 봉급을 의논하기 때문이다. 특히 한인교회에서는 장로들이나 교회 중진들이 주로 이 위원회를 구성하고 있는데, 여러 계층의 교인들이 다 참여할 수 있도록 기회를 공평하게 주는 것이 좋다.

3. 목회위원과 다른 위원과의 관계

목회위원회 위원들은 담임목사와 부목사와 유급사역자와 교인들 간에 교량 역할을 하는 사람들이다. 목회위원회는 목회를 직접 하는 사람들이 아니다. 목회위원들은 교역자와 다른 사역자들이 교회 일에 전념할 수 있도록 도와주는 사람들이다. 특히 목회위원회 위원장은 교회임원회, 재단이사회, 재정부, 구역회와 가깝게 일을 해야 한다.

4. 목회위원회의 조직

(1) 5명에서 9명 이내로 조직한다.
(2) 이들 중에 한 명은 연회평신도회원이어야 한다.
(3) 평신도대표도 회원이다.
(4) 개체교회의 멤버야 한다.
(5) 부위원장과 서기를 뽑는다.

담임목사가 두 개 이상의 교회를 담임하고 있으면, 개체교회마다 목회위원회를 조직한다. 같은 가족에서 한 명만이 목회위원으로 봉사하는 것이 이상적이다. 그리고 담임목사나 교회 유급사역자와 관련된 사람들은 목회위원으로 봉사할 수 없게 되어 있다.

5. 목회위원회의 모임

한인교회에서는 구역회를 준비하기 위하여 목회위원이 1년에 한 번 모이는 교회가 많이 있으나 목회위원회는 적어도 1년에 네 번은 모이는 것이 이상적이다 (네 번 모이면 이상적이라는 뜻이지 꼭 네 번 모이라는 말이 아니다). 그러나 감독, 감리사, 담임목사, 유급사역자, 또는 목회위원회 위원장의 요청이 있으면 언제나 모일 수 있다.

단, 장정이 명백히 규정하는 사항은 이 위원회의 모임만은 담임목사와 감리사에게 장소, 시간, 모이는 목적에 대하여 미리 알려 주어야 한다는 사실이다. 만일 담임목사나 유급사역자의 요청에 의하여 모일 경우에는 감리사에게 통보할 필요가 없다. 담임목사 없이 감리사와 모일 경우에는 목사에게 회의의 의제와 결과에 대하여 설명해 주어야 한다. 그러나 비밀에 속하는 사항은 물론 통보하여서는 안 된다.

처음 구역회가 끝나고 새로 위원회가 조직되면 회장은 전 회장과 연락하여 그 동안 처리하지 못한 일에 대하여 보고를 받아야 한다. 그리고 첫 모임에서 위원회의 책임에 대하여 서로 검토해 보는 것이 좋다. 따라서 1년 동안 할 일을 계획하고 연중 행사표를 작성하는 것도 바람직하다. 이때 앞으로 1년간 모일 시간도 정하는 것이 좋다.

• 1차 분기 모임 (1월-3월)

목회위원회의 책임을 효과적으로 수행하기 위하여 훈련이나 수련회를 갖는다. 작년도 위원회의 활동에 대하여 듣는다. 장정에 기재되어 있는 목회위원회의 책임에 대하여 배운다. 구역회에서 천거한 신학생이 있으면 그로부터 보고를 듣는다. 담임목사와 유급사역자와 함께 개체교회의 선교의 방향과 현재 진행 중인 활동에 대하여 서로 이야기를 나눈다.

• 2차 분기 모임 (4월-6월)

개체교회의 선교의 방향과 활동에 대하여 이야기를 나눈다. 목사관을 방문한다. 목사관에 문제가 생기기 전에 미리 수리하도록 재단이사회에 제의한다. 목사의 연장교육이나 목사 사무실 운영에 필요한 경비에 대하여 이야기를 나눈다.

• 3차 분기 모임 (7월-9월)

구역회 준비를 위하여 목사와 유급사역자의 봉급과 수당에 관하여 이야기를 나눈 후, 봉급과 수당 인상을 재정위원회에 제안한다. 내년도에 있을 목사나 유급사역자의 연장교육 계획에 대하여 물어본다. 물론 재정적으로 준비하기 위해서이다. 목사가 되기를 원하는 후보생이 있으면 면담을 한다.
• 4차 분기 (10월-12월)
담임목사나 유급사역자의 직책설명서가 작성되어 있으면 수정한다. 1년 동안 목회위원회가 한 일을 평가하여 본다. 회중과 교회임원회에 보고할 내용을 결정한다. 비밀과 관계되어 있는 내용은 보고하면 안 되고 담임목사와 목회위원회가 상의한 내용만 임원회에 보고한다.

6. 담임목사 및 유급사역자 협조

목회위원회는 담임목사와 부목사와 유급사역자들이 목회를 효율적으로 할 수 있도록 도와주는 위원회이다. 구체적으로 도와줄 수 있는 길은 무엇일까?
• 담임목사와 유급사역자의 보수를 매년 검토하고 재정부에 보수 인상을 요청한다. 재정부는 교회임원회에 보수 인상을 제안한다.
• 목사실과 유급사역자들의 사무실, 가구, 집기 등 건전성을 점검한다.
• 교통비, 연회 참석비용, 연장교육비, 외부강사 초청비용, 이사 비용 확보, 목회활동에 필요한 비용(손님 접대비)을 위한 예산을 책정하여 교회임원회에 요청한다.
• 은급비, 건강보험비, 사회보장비 (Social Security Tax), 노동자 재해보상 보험 (Workmen's Compensation) 등 봉급 외의 보수를 점검한다. (만일 목사의 보수를 하나로 묶어 책정했을 때에는 이런 비용들을 목사의 기본봉급과 다른 항목으로 기술하는 것이 목회자에게 세금 보고상 도움이 된다.)
• 휴가 기간을 제공하고 있는지 점검한다.
• 봉급을 정할 때 다음과 같은 정보를 입수하여 참고한다. 각 연회마다 공정봉급 기준이 정해져 있으므로 소속연회의 기준을 평신도 연회원이 그 정확한 액수를 기억하고 있지 못할 경우에 지방회나 연회 사무실을 통하여 알아보는 것이 담임목사 봉급을 정하는 데 큰 도움이 된다. 우리교회와 비슷한 크기의 교회들이 지불하는 대우를 비교해 본다. (연회록에 기재되어 있다.)
• 지역의 생활비를 고려한다. 봉급을 포함한 모든 보수를 정한 후에는 이것을 재정부에 통보해야 한다. 재정위원회는 다른 기구에서 요청하는 모든 재정적 지원을 종합적으로 검토한 후, 그 예산을 교회

임원회에 제출하여 교회임원회가 최종적으로 결정하게 되어 있다. 만약 재정위원회에서 목회위원회가 청구한 액수를 삭감하면, 목회위원회는 교회임원회나 구역회에 직접 요청할 수 있다. 교회와 관련된 연방정부법이 http://www.gbod.org/congregational에 요약되어 있으니 참조하기 바란다.

7. 목사 파송과 자문과정

　연합감리교회 연대체제의 특징은 목사를 파송하는 과정에서 그 특징이 구체적으로 나타난다. 연합감리교회 연대체제의 특징은 개체교회가 담임목사를 초빙하는 것이 아니라, 감독이 파송하는 것이다. 이 파송 과정에서 장정이 규정하는 중요한 일들 중의 하나는 목회위원회가 감독을 대리하는 감리사의 자문에 응한다는 것이다. 자문이란 목회위원회가 해당교회가 선교와 사역을 위해 필요로 하는 목사가 어떤 자질을 갖춘 사람이어야 하는가를 감리사회에게 알리는 것을 의미한다. 이때 특정한 인물을 추천할 수도 있으나, 개체교회가 최종적으로 담임목사를 선정하는 것이 아니라, 담임목사 선정은 연회 감리사회에서 먼저 잠정적으로 하고 해당목사와 관련된 개체교회의 목회위원회와 상의하게 되어 있으므로 목회위원회로서는 가능한 감독이 파송하고자 하는 목사를 받아들이는 것이 교회에 덕이 됨을 기억해야 한다.

　연합감리교회에 속한 목사들은 1년마다 파송을 다시 받게 되어 있다. 다시 말해, 개체교회를 위한 목사의 임기는 1년 단위로 되어 있다는 말이다. 그러므로 담임목사는 수시로 바뀌게 된다. 이렇게 교역자나 유급사역자가 교회를 떠날 때는 사랑으로 대우하는 것이 교회의 관습이다. 이 일도 목회위원회가 주관하여 실시해야 한다.

　새 목사가 부임하여 오면 그에게 교회에 대한 오리엔테이션을 목회위원회가 주관하여 실시해야 한다. 부임한 목사가 마음 가볍게 일을 시작할 수 있도록 모든 협조를 아끼지 말아야 한다. 새 목사가 새 임지에 파송 받은 후 효율적으로 목회를 할 수 있느냐 없느냐는 목회위원회의 협조에 많이 좌우된다. 새 목사가 부임하여 올 때, 제일 민감한 이슈는 전에 있던 목사에게 결혼 주례를 부탁한다든가, 장례식을 부탁한다든가, 전에 개인적으로 가깝게 지내던 목사를 초청하여 가정의 행사를 맡아 달라고 초청하는 것들이다. 목회위원회는 새로 부임한 목사와 미리 이러한 것들에 대하여 상의한 후, 새로 부임한 목사의 의견을 특별히 존중해 주어야 한다. 이러한 이슈들이 은혜롭게 해결되지 않으면, 감리사에게 보고하여 그의 도움을 받는 것이 가장 현명하다.

※자료와 정보※

*장정 2016 (The United Methodist Publishing House), ISBN: 9781501833311. 주문: ☏ 1-866-629-3101 or cokesbury.com.

*연합감리교회의 특징 (Cokesbury Press), ISBN: 9781501808364. 주문: ☏ 1-866-629-3101 or www.cokesbury.com

*www.umcdiscipleship.org, Click on church leaders, and then choose the pastor/staff-prarish topic. Discipleship Ministries has a training module for S/PPRC, sample church policy, devotional materials for church committees, and practical tools for changing pastors.

*www.explorecalling.org, includes curriculum for children and for youth to explore how God is calling them to ministry. God is calling them to ministry. There are worship resources as well as materials for individuals to explore as they discern God's call.

*www.faithandleadership.com, Faith and Leadership has resoures for church management and leadership.

*www.churchleadership.com, Fifty Ways to Welcome a New Pastor.

*www.justpeaceumc.org, Mediation and Conflice Resolution. Artilces, information on mediation centers and services, and congregational study—Engage and Conflict Well.

*www.religioncommunicators.org, Speaking Faith: The Essential Handbook for Religious Communicators, 7th edition. This is a religious communicators council handbook.

*www.rowman.com, Behavioral Covenants in Congregations: A Handbook for Honoring Differences by Gilbert R. Rendle. Originally published by the Alban Institute.

재정위원회/청지기부
(Committee on Finance/Stewardship)

　　재정위원회는 개체교회 전체 재정을 모금하고, 관리하고, 지출하고, 예산을 작성하여 교회임원회에 제출하는 조직이다.

1. 재정위원회와 위원장/청지기부 책임
(장정 ¶258.4)
(1) 교회 전체 재정(재정 방향, 모금, 관리, 지출 등)을 책임진다.
(2) 매년 교회의 예산안을 편성하여 교회임원회에 제출한다.
(3) 재정을 모금하고 관리한다.
(4) 재정을 위한 홍보활동을 한다.
(5) 매주 헌금을 계산하여 은행에 예금한다.
(6) 재정을 지출한다.
(7) 프로그램 예산을 관리한다.
(8) 투명한 재정보고를 한다.
(9) 헌금과 청지기의 생활을 신실하게 하도록 권장한다.
(10) 자선활동을 권장한다.
(11) 개체교회 자금관리 정책을 수립한다.
(12) 연례감사 받은 것을 구역회에 보고한다.

　　대부분의 한인교회는 청지기부를 따로 두지 않고 재정위원회가 청지기부 역할을 하는데, 만약에 청지기 부서를 따로 조직할 경우에는:
　(11) 청지기에 대한 성서적 신학적인 배경을 설명하여 준다.
　(12) 청지기의 삶에 합당한 헌금을 하도록 권장한다 (주정헌금, 특정헌금, 감사헌금 등).
　(13) 십일조에 대하여 교육시킨다.
　(14) 1년 내내 청지기 생활을 할 수 있도록 계획한다.
　(15) 교인들로 하여금 빚에서 벗어날 수 있는 길을 교육시킨다.
　(16) 자연생태를 보호할 수 있는 생활방식을 권장한다.
　(17) 교인들이 자선사업을 할 수 있는 문화를 조성해 준다.
　(18) 교회가 지역선교와 세계선교에 경제적으로 후원하도록 권장한다.

2. 재정위원회/청지기부의 선출과 임기

재정위원장/청지기 부장은 공천위원회의 공천을 받아 구역회에서 선출되며, 임기는 1년이다.

3. 재정위원회/청지기부의 조직

- 재정위원회 위원장
- 목사(들)
- 교회임원회 회장
- 평신도대표/연회평신도회원(구역회에서 선출된 대표, 1명)
- 목회위원회 위원장 혹은 대표
- 재단이사회 이사장 혹은 대표
- 청지기 부장 (개체교회에서 청지기부를 별도로 조직했으면)
- 재무서기
- 교회회계
- 교회사무장
- 기타 구역회가 재정위원으로 선출한 사람(들)

담임목사 외의 모든 유급사역자는 재정위원회에 참여할 수는 있으나 투표권은 없다. 구역회는 추가위원을 선정할 때 청소년, 청장년, 노년 등을 고려하는 것이 바람직하다. 각 기관(여선교회, 남선교회 등)의 회계도 포함시키는 것이 개체교회 선교에 도움이 된다.

교회가 크든 작든 재무서기와 교회회계가 같은 사람이서는 안 된다.

4. 재정위원회/청지기부의 역할

한인교회에서는 재정위원회와 청지기부를 따로 조직하지 않고 재정위원들이 청지기부에서 하는 일까지도 겸해서 하는 경우가 대부분이기 때문에 본 지도자 지침서에서는 이 두 부서를 하나로 묶어 소개한다.

청지기는 하나님의 것을 관리하는 사람이다. 청지기는 우리가 받은 은사와 재능과 우리가 가지고 있는 모든 자원을 관리하는 사람이다. 청지기로 산다는 것은 우리의 삶 전체를 하나님께 드리며 사는 것을 의미한다. 청지기의 삶은 하나님이 우리를 사랑하시기 때문에 시작되는 것이요, 하나님께서 우리에게 임시로 맡겨 주신 모든 것을 우리가 관리하고 있을 뿐이라는 신학을 전제로 한다. 청지기 신학은 우리가 하나님의 동역자로서 함께 일하며, 하나님이 원하시는 대로 생활하려고 노력하는 것을 전제로 한다. 청지기 신학은 우리가 마음과 뜻과 정성을 다해서 하나님을 사랑하여야 된다는 예수님의 가르침에 기초한다. 청지기 신학은 돈을 관리하는 것과, 자원을 관리하는 것과, 다른 사람들을 접대하는 것까지 모두를 포함한다. 그러므로 재정위원회/청지기부는 하나님께서 우리에게 맡겨 주신 돈을 관리하면서 청지기의 역할을 하는 조직체이다.

(1) 재정위원회는 수표에 서명할 수 있는 사람과 은행 계좌를 조정하는 사람을 정한다. (일반적으로 한인교회에서는 재정위원장/재무회계/담임목사 가운데 두 명이 서명하고 재무회계가 은행 계좌를 조정하는 것이 통례로 되어 있다.)

(2) 교회의 재정 방향을 설정한다.

재정위원회는 재정을 위해 계획하고, 관리하고, 지출하는 사람이 있다는 사실을 분명하게 알려 주어야 한다.

(3) 교회의 예산편성

예산이란 개체교회의 재정 방향을 관리하기 위한 효과적인 도구이다. 예산편성을 보면 개체교회 선교의 내용을 알 수 있다. 예산을 편성할 때는 다음의 것들을 고려한다.

첫째, 예산은 개체교회 선교 비전에서 입각하여 각 책임 부서들이 제출한 내용을 가지고 상의해 가면서 예산을 편성하는 것이 효과적이다. 예산을 편성한 후에는 그 예산을 교회임원회에 제출하여야 한다. 예산을 편성하기 위하여 재정위원회는 각 부서로부터 신청받은 예산요청서 이외에 목회위원회로부터 목사를 포함한 교회 직원들의 보수 및 사례비, 재단이사회로부터 건물 및 비품에 드는 경비, 목사로부터 사무비 예산을 조속한 시일 내에 접수하도록 한다.

둘째, 일단 지출예산이 결정되면 이를 지원하기 위한 수입예산을 계획하고 실천방안을 연구한다. 수입예산이 확정되기까지 지출예산은 계획에 불과하다는 사실을 교인들에게 확실하게 인식시켜 주어야 한다.

셋째, 예산을 편성할 때 재정위원회가 임의로 조정하지 말고 반드시 요청자와 상의해서 조정해야 한다. 또한 최종적으로 예산을 결정할 때는 반드시 교회임원회에서 해야 한다. 최종 예산안 결정은 구역회가 모이기 전에 교회임원회/교인총회에서 통과를 보는 것이 가장 이상적이다.

(4) 프로그램 예산관리

프로그램 예산을 관리한다는 것은 교회의 선교가 어디에 있고, 어디로 향해 가고 있는지를 분명히 보여주는 것이다. 예산편성에는 두 가지 방법이 있다. 하나는 "회계 중심" 예산편성이다. 이 방법은 개체교회들이 흔히 사용하는 방법이며 예산을 편성할 때 교회에서 나가는 지출항목을 중심으로 예산을 편성한다. 이 방법의 강조점은 교회를 운영하기 위하여 얼마나 비용이 드는가에 있다.

다른 방법은 "프로그램 중심"의 예산편성 방법이다. 이 방법은 같은 예산 항목이라도 강조점이 비용에 있는 것이 아니라 교회의 선교 방향에 있다. 같은 액수를 표시하더라도 예산항목을 어떻게, 어떤 순서로 표시하느냐에 따라 교회의 선교가 어디에 있고, 어디로 향해 가는지 분명해진다. 프로그램 중심의 예산편성 방법은 비용보다도 우리가 선교비를 어떻게 같이 분담하는가를 교인들에게 쉽게 설명해 줄 수 있다는 것이 장점이다.

(5) 재정을 위한 홍보활동

홍보하는 일은 교회 재정에 막대한 영향을 미친다. 교회에서 돈 이야기를 너무 많이 하면 오히려 역효과가 나기 쉬우므로 우선 돈보다 선교활동 상황을 자세히 교인들에게 설명하는 것이 필요하다. 홍보는:

• 주보를 통해 한다. 이 방법은 52주 동안 수시로 할 수 있다.
• 교회 뉴스레터를 통하여 수시로 홍보한다. 헌금 액수만 적는 것보다는 헌금이 하나님의 뜻을 실현하기 위하여 어떻게 사용되고 있는가를 설명하여 주는 것이 더 효과적이다.
• 개인이 헌금한 내용을 1년에 몇 번 통고하여 준다. 이렇게 통고해 주는 것이 헌금을 증가시키는 데 효과적이다.
• 재정위원회 위원장이 재정 방향에 대하여 정규적으로 홍보한다.
• 헌금 때문에 생긴 선교의 결과 사례를 수시로 홍보해 주는 것이 효과적이다.

(6) 재정보고

재무기록을 철저하게 기록하고 정규적으로 교회임원회와 전 교인들에게 정확하게 회계보고를 해야 한다. 특정한 사업이나 목적을 위해 바친 헌금은 그 사용 결과도 정확하게 보고하여 오해가 없도록 해야 한다. 재무보고는 투명하면 할수록 개체교회에 도움이 된다.

재정보고에서 중요한 것 중 하나는 연말에 교인들이 세금을 보고하기 위하여 교인들이 낸 헌금 총액을 보고해 주는 것이다. 1993년도 개정된 세무법안에 따르면, 한 개인이 한 번에 $250 이상 헌금했을 때는 반드시 받은 즉시에 다음과 같은 보고를 각 개인들에게 해주어야 한다. 교회의 이름이 인쇄되어 있거나 적혀 있는 편지지에다 보고해야 한다.

• 이름
• 한 번에 낸 헌금이 $250 이상 된 액수 (작은 액수를 종합했을 때 그 종합한 액수가 $250이면 보고할 필요가 없다.)
• 헌금을 받은 후 그에게 특별한 혜택을 베풀지 않았다는 진술
• 현금이 아닌 물품을 받았을 때에는 세금을 보고하기 전에 진술서를 개인에게 보내야 한다.

5. 재무서기의 역할

재무서기는 헌금을 영수하여 은행에 예금시키고, 예금한 영수증을 교회 회계에게 주어야 한다. 재무서기와 교회회계는 회계장부를 정확히 기록해야 할 책임이 있는 사람들이다.

(1) 수금

모든 교회의 수입금은 재무서기에게 전달된다. 재무서기는 예금 후에 그 기록사본을 교회회계에게 보고해야 한다. (장정은 재무서기와 교회회계가 같은 사람이어서는 안 된다고 강조한다. 재정에 대한 오해를 피하기 위해서이다.) 그러므로 아무리 작은 교회라도 가능하면 재무서기와 회계를 따로 두는 것이 이상적이며, 같은 가정에서 이 두 책임을 맡지 않도록 하는 것이 상례이다. 재무서기가 하는 일은:

• 예배 직후에 모든 헌금을 수금하여 헌금위원 두 사람 이상이 계산하여 재무서기에게 주든지, 재무서기와 헌금위원 한 사람 이상이 같이 계산하는 것이 바람직하다. 오해를 피하기 위해서이다.
• 기재사항과 실제헌금의 액수가 일치하는지 확인한다.
• 우편으로 받은 헌금을 적절히 처리한다.
• 수금된 헌금을 종류별로 분류하여 기록할 계획을 세운다.
• 회계와 함께 재정위원회에 정기적으로 보고할 양식을 구한다.

소정의 양식을 콕스베리(Cokesbury)에서 구해 사용할 수 있다.

(2) 기록

회계장부에는 두 가지 종류가 있다. 하나는 수금한 전 금액을 기록하여 회계에게 보고하는 장부가 있고, 다른 하나는 각 교인들의 헌금을 개별적으로 기록한 장부가 있다.

이 두 개의 장부는 개체교회에서 편리한 대로 만들 수 있겠으나, 이러한 장부들은 연합감리교회출판부 콕스베리에서 제공하는 소정양식을 사용하면 편리하다. 교인이 아닌 사람들의 헌금 기록도 정확히 따로 해 두고, 요청이 있을 때마다 요청을 들어 주어야 한다. 이 기록을 누가 볼 수 있는가 하는 문제는 재정위원회가 결정해야 하지만, 담임목사가 그것을 볼 수 있으면 목회에 많은 도움이 된다.

(3) 헌금봉투

헌금봉투를 준비하여 각 개인에게 우송하여 주던가, 아니면 교회에 비치해 둔다. 각 개인이나 가정이 헌금한 내용을 정확하게 기록하기 위하여 한 가정이 사용할 수 있는 번호를 지정하여 주는 것이 효과적이다. 헌금봉투에는 헌금하는 내용을 표시할 수 있도록 미리 인쇄하여 주는 것이 큰 도움이 된다.

6. 교회 재무회계

　모든 교회 재무행정에 관한 정책은 재정위원회가 결정하게 되어 있으며, 교회회계는 재정위원회가 지시하는 대로 시행만 하면 된다. 헌금유통이 잘 안 될 때 지불 우선순위를 회계가 결정할 것이 아니라 재정위원회나 교회임원회가 결정하여야 하며 회계는 그 지시에 응하기만 하면 된다.
　(1) 정확하고 상세한 기록을 남긴다.
　(2) 특별헌금은 지정된 목적만을 위하여 사용되어야 한다.
　(3) 연회에 보내는 분담금을 정기적으로 보낸다.
　(4) 교회에 예비금이 마련되어 있으면, 그 예비금이 경상비에 사용되어서는 안 된다.
　(5) 구역회, 교회임원회, 재정위원회 멤버가 된다.
　(6) 재무서기와 함께 일한다.
　(7) 재정위원장과 함께 일한다.

교회회계의 역할
• 구역회와 교회임원회, 재정위원회 멤버가 된다.
• 예산이 책정되어 있고, 재정위원회가 지시하는 것만 지불한다.
• 재무서기로부터 예금한 영수증을 받는다.
• 재정과 관련된 정책은 재정위원장과 상의하여야 한다.
• 연회회계와 분담금을 낼 절차를 상의하여 정기적으로 연회본부에 우송한다.

관계
• 교회회계와 재무서기와의 관계
　회계는 재무서기의 보고를 매주 받아 기록해 놓는다. 그 보고서에는 헌금 총액과 종류 등이 기록되어 있다. 수시로 서기의 장부와 비교하여 정확성을 기하는 것이 좋다.
• 교회회계와 재정위원회 위원장과의 관계
　재무 처리에 있어 의문점이 있으면 위원장과 의논하는 것이 좋다. 위원장에게 보고된 내용은 나중에 구역회에 보고할 자료준비도 된다.
• 교회회계와 연회회계와의 관계
　연회회계와 연락하여 선교분담금 지불에 관한 절차 등을 의논해야 한다. 소정양식을 늘 소지하도록 명심해야 한다.
• 교회회계와 담임목사와의 관계
　담임목사는 개체교회의 최고 행정책임자이기 때문에 재정문제에 있어서도 그와 늘 상의하고 정규적으로 그에게 보고해야 한다.

• 교회회계와 IRS와의 관계

정부의 세법에 관하여 일단 공인회계사의 자문을 얻어 모든 필요한 보고 요령을 알아두는 것이 좋다. 정부에서 발행한 책자들이 있으므로 이를 구하여 늘 참고해야 한다.

교회회계는 재정위원회에 보고할 의무가 있으며, 재정위원은 구역회나 교회임원회에 재정보고를 하게 되어 있다. 회계의 보고양식은 이미 교단에서 준비하고 있으므로 그것을 사용하도록 명심해야 한다.

위에서 언급한 바와 같이 현금지출은 회계가 하지만, 수표에 몇 사람의 서명이 필요한가 하는 것은 재정위원회가 결정하게 되어 있다.

교인들이 특별한 목적을 위해 헌금한 금액(예로, 총회나 연회가 정해 놓은 특별주일헌금이나 교인이 지정하고 드린 특별헌금 같은 것)은 교회 경상비에 사용해서는 절대로 안 된다. 그것은 위법이다. 이것도 회계의 책임이다. 그런 헌금은 곧 연회회계에게 납부하거나 개체교회를 위해 지정한 사역에 사용하여야 한다.

각 교회는 중앙 집중적인 회계원칙을 시행하는 것이 좋다. 즉, 각 기관은 모든 헌금을 교회회계에게 맡긴다는 뜻이다. 물론 각 기관의 회계는 그들 나름대로 장부를 가지고 있지만 헌금은 모두 교회 이름으로 은행에 예금하는 것이 바람직하다. 이것은 회계감사를 용이하게 할 뿐만 아니라 은행과의 관계도 간단히 처리하게 해줄 수 있다. 각 기관의 회계가 돈을 집에 두면 분실할 염려도 있기에 이 문제도 쉽게 해결해 준다. 그러므로 교회회계는 각 기관의 수입금도 잘 보관해 줄 의무가 있다. 또한 연말에 세금 보고를 위한 서류를 작성할 때도 편리하다.

7. 교회사무장

교회가 커지면 교회의 사무 일체를 맡아 처리해 줄 사람이 필요하게 된다. 교회의 사무 일체를 맡아 처리해 주는 사람이 교회사무장이며, 그는 목사의 모든 행정책임을 도와주는 일을 맡고 있는 사람이다. 그의 일은 교회 재정뿐만 아니라 교회 사무실 운영과 건물관리 등의 직무도 하게 된다. 만일 개체교회가 사무장을 유급사역자로 채용하게 되면 재정도 그에게 분담시키는 것이 효과적이다.

교회사무장을 위한 직책설명서는 목회위원회가 만들게 되어 있다. 교회사무장은 교회 전반에 걸쳐 책임을 맡고 있기에 담임목사에게 보고하게 되어 있다. 교회사무장의 사역을 좀 더 효과적으로 이행하기 위해서는 총회 재정부와 관련되어 있는 연합감리교 행정사무장협회로부터 도움을 받으면 효과적으로 업무를 이행할 수 있다.

8. 연례감사

"재정위원회는 개체교회 및 그 종속 기관의 모든 재무기록을 연례적으로 감사하도록 그 규정을 만들어야 한다. 또한 동 위원회는 철저하고 완전한 재정보고서를 매년 구역회에 제출하여야 한다. 교회 내부 감사란 재정보고와 그 장부를 독립적으로 평가하는 일과, 자격을 갖춘 사람이 교회 장부를 재무적으로 감사하는 일을 말한다." (장정 ¶258.4d)

교회 재정은 투명해야 한다. 감사는 재무를 책임 맡은 사람들을 불신임한다는 뜻이 아니고, 재무를 맡은 임원들이 불필요한 오해를 받지 않게 하기 위하여 꼭 필요한 절차이다. 또한 회계장부의 정확성을 기한다는 의미에서도 필요하다.

연합감리교회에서는 재무서기와 교회회계가 바뀔 때마다, 회계연도가 끝날 때마다, 매년 의무적으로 감사를 받도록 되어 있다. 회계감사는 재정위원회가 책임지고 이수하여야 할 책임 가운데 하나이다. 정규적인 감사를 하지 아니하면 불필요한 오해를 막을 길이 없다.

감사는 개체교회 교인이 아니라도 교회 밖의 계리사나 공인회계사에게 의뢰하여 감사를 요청해도 되고, 장정이 언급하듯이 교인 가운데 회계장부를 감사할 능력이 있는 사람이 있으면 그에게 맡기는 것도 좋다.

장정은 회계감사 결과를 꼭 구역회에 보고하도록 규정하고 있으며 감리사에게 소정양식을 얻어 그 양식대로 하면 된다. 그리고 교인들에게는 따로 보고하는 것도 도움이 될 것이다. 모든 재정에 관계된 서류는 적어도 5년 이상 보관하여 두어야 하고, 연례감사 보고는 따로 다른 곳에 보관하여 소멸위험을 피하는 것이 바람직하다. 담임목사, 재정위원장, 교회회계 등은 그 보관소를 잘 알고 있어야 한다.

감사는 수입과 지출과 기록을 남기는 재무체제를 질적으로 향상할 수 있도록 추천하는 사람이다.

※자료와 정보※

* *2017-2020 United Methodist Church Financial Records Handbook,* published each quadrennium by The United Methodist Publishig House.
Search in "Supplies" at www.cokesbury.com
* *Beyond the Collection Plate: Overcoming Obstacles to Faithful Giving* by Michael Durall (Nashville: Abingdon Press, 2003), ISBN: 970687023158.
주문: ☎ 1-866-629-310 or www.cokesbury.com

＊*The Church Money Manual: Best Practices for Finance and Stewardship* by J. Clif Christopher (Nashville: Abingdon Press, 2014), ISBN: 9781426796579.

＊*Giving to God: The Bible's Good News About Living a Generous Life* by Mark Allan Powell (Grand Rapids: Wm B. Ederdmans, 2006), ISBN: 9780802829269.
www.cokesbury.com

＊*Faith and Money: Understand Annual Giving in Church* by Michael Reeves abd Jennifer Tyler (Nashville: Discipleship Resources, 2003), ISBN: 9780881774108.
☏ 1-800-814-7833

＊*Rich Church, Poor Church: Keys to Effective Financial Ministry* by J. Clif Christopher (Nashville: Abingdon Press, 2012), ISBN: 9781426743368.
☏ 1-866-629-3101 or www.cokesbury.com

＊*Whose Offering Plate Is It? New Strategies for Financial Stewardship* by J. Clif Christopher (Nashville: Abingdon Press, 2010), ISBN: 9781426710131.
주문: ☏ 1-866-629-3101 or www.cokesbury.com

＊*Simple Rules for Money: John Wesley on Earning, Saving & Giving*, by James Harnish (Nashville, Abingdon Press, 2009), ISBN: 9780687466160.
주문: ☏ 1-866-629-3101 or www.cokesbury.com

＊*Funding Your Ministry* by Scott Morton (Colorado Sprigns: NavPress, 2007), ISBN: 9780972902373.

＊www.gbod.org/stewardship

＊www.gcfa.org "The Local Church Audit Guide"

＊www. umvitalcongregations.org "Setting Goals" tab.

재단이사회
(Board of Trustees)

"재단이사회는 개체교회가 소유하고 있는 모든 재산과 개체교회나 이에 속한 모임, 부, 속회, 위원회 또는 이와 유사한 기관들이 직접 구입한 모든 재산과 기구들을 감독하고 관리하고 보관한다." (장정 ₱2533.1)

1. 재단이사회의 책임 (장정 ₱2533)

(1) 개체교회의 모든 재산(동산과 부동산)을 관리하고, 점검하고, 재산과 관련된 법적 이슈에 대하여 행정적인 책임을 진다.

(2) 개체교회의 모든 기물을 관리하고 재산의 매매, 담보, 저당, 수리, 개수, 증축을 위한 예산안을 임원회와 구역회에 보고한다.

(3) 교회에 기증된 유증, 기부금, 유산 및 위탁금을 인수 또는 거절한다.

(4) 위탁금을 적절하게 투자한다.

(5) 구역회의 지시에 따라 개체교회를 비영리법인체로 정부에 등록하며 수시로 개체교회와 관계되어 있는 법문서를 법에 따라 갱신한다. 개체교회가 소유한 모든 재산은 연합감리교의 신탁을 받은 소유자로 등기되어야 하며, 장정이 정하는 바 규정의 통제를 받아야 한다.

(6) 담임목사와 상의하여 교회건물 사용을 위한 정책을 세운다.

(7) 교회와 관계되는 보험을 들기 위한 예산안을 재정위원회에 신청한다 (예를 들어, 건물, 시설, 컴퓨터, 복사기 등).

(8) 교회가 소유하고 있는 부동산의 월부, 보험료, 유지비, 개수비, 수리비, 세금 등을 위한 예산안을 작성하여 재정위원회에 제출한다.

(9) 구역회와 교회임원회의 지시를 따른다.

(10) 목회위원과 함께 목사관을 정기적으로 점검한다.

(11) 재단이사회 이사장은 교회임원회 회원이다. 재단이사장은 회의 안건과 법과 관련되어 있는 사항들을 교회임원회와 담임목사에게 수시로 설명해 주어야 한다.

(12) 재단이사회는 종교적인 의식이나 모든 합당한 집회와 연합감리교회의 법과 관례로 인정된 목적을 위하여 목사가 교회 시설들을 사용하는 일을 금지하거나 방해하여서는 안 되며, 목사의 부재시 감리사의 허가 없이 다른 집회를 위하여 허락하여도 안 된다.

2. 재단이사회 선출과 임기

공천위원회의 천거로 구역회에서 선출되며, 이사회의 연속성을 위하여 이들을 3년조로 나누어 1년에 ⅓만 교체하도록 되어 있다. 재단이사는 모두 법정 연령에 달하여야 하고, ⅔는 연합감리교회 교인이어야 한다.

3. 재단이사회의 조직

(1) 3명 이상 9명 이하로 조직되어야 한다.
(2) 재단이사회 이사장은 필히 연합감리교회 교인이어야 하며 개체교회 교인이어야 한다.

이사회는 구역회가 끝난 후 현 연도가 시작한 지 30일 이내에 목사나 혹은 이사장이 이사회 모임을 소집하여 봉사할 임원들을 선출해야 한다 (부이사장, 서기, 회계). 회계는 교회회계가 겸임할 수도 있다.

4. 재단이사회와 다른 부서와의 관계

(1) 재단이사회와 교회임원회/구역회

교회임원회/구역회는 개체교회의 가장 기본 행정조직이다. 개체교회의 선교와 사역의 정책은 구역회에서 결정한다. 재단이사는 구역회에서 3년조로 선출되며 구역회의 지시를 따르게 되어 있다.

(2) 재단이사회와 교회임원회

재단이사회는 교회임원회를 대신하여 일하는 기구이고, 재단이사회 이사장은 교회임원회의 임원이다. 그러므로 재단이사장은 재단이사회가 결정한 내용을 교회임원회에 알리고 교회임원회의 내용을 이사회에 알리는 교량 역할을 한다.

재단이사회는 임원회와 상의하여 교회건물 사용에 관한 정책을 만든다.

(3) 재단이사회와 목회위원회

목회위원회는 담임목사와 유급사역자와 관계되어 있는 기구이기 때문에 재단이사회는 목회위원회 위원장과 긴밀한 관계 속에서 목사관을 잘 유지해야 한다. 교회 관리인과 건물 관리인을 고용하는 부서는 목회위원회이고, 그들과 가깝게 일하는 부서는 재단이사회이다. 이들을 해고시킬 경우, 재단이사회 임의로 해고시킬 수 없으며, 목회위원회에 의뢰하여야 한다.

(4) 재단이사회와 재정위원회

교회가 소유하고 있는 부동산의 월부, 보험료, 유지비, 개수비, 수리비, 세금 등을 위한 예산안을 작성하여 매해 재정위원회에 제출한다. 그런 후에 재정위원이 교회임원회의 결정을 받게 되어 있다. 재단이사회 이사장이 재정위원회 회원이기 때문에 연속성이 있는 결정이 될 것이다.

5. 유증 (遺贈), 유산 및 신탁재산 관리
(장정 ￢2529.3, ￢2533.5)
재단이사회가 하는 일 가운데 하나는 유산이나 유증물 등 신탁재산을 투자하고 관리하는 일이다. 이 일을 하기 위하여 다음과 같은 사항을 염두에 두어야 한다.
- 수시로 유증의 조건을 점검한다.
- 유증 기증자의 목적에 부합되게 교회가 재산을 관리하고 있는지 확인한다.
- 유증 기증자가 기증할 때에 너무 많은 것들을 조건으로 내세우고 관리하기 까다로우면 처음부터 거절하는 것이 현명하다.
- 교단이 계획하고 있는 유서, 유산대책 프로그램을 잘 알아 둔다.
- 매년 투자 상황을 재검토한다. 투자에 있어 한 가지 유의할 점은 수입성이 높다고 하여 연합감리교회 장정에 기록되어 있는 사회원칙에 위배되는 일을 하는 기관이나 회사에 절대로 투자해서는 안 된다는 사실이다 (예를 들어, 술, 담배 회사 등).
- 많은 액수의 기금은 전문가에게 의뢰하여 투자한다.
- 교인들로 하여금 유산을 교회에 헌납하도록 장려한다.
- 유증에서 나오는 수입은 교회 경상비보다는 선교활동에 사용한다.
- 많은 유증 때문에 교회 헌금생활을 파괴할 위험이 없도록 조심한다.

6. 보험
개체교회 재산과 관련되어 있는 보험을 살 때는 재단이사회에서 모두 관리한다.
(1) 매해 개체교회와 관련되어 있는 모든 보험을 평가한다.
(2) 소방서에 연락하여 교회건물의 안전성을 점검한다.
(3) 교회의 안전을 위하여 모든 기물을 점검한다.
(4) 적절한 보험을 들기 위하여 3년에 한 번씩 재산과 기물을 점검한다.
(5) 보험을 들 때에는 두 개 이상의 보험회사를 알아본다.
(6) 교회가 소유하고 있는 비싼 물품들을 위해 보험을 들 필요가 있는지 점검한다. 이 보험은 개체교회가 편리한 대로 개인회사를 통하여 들 수도 있고, 연합감리교회 총회재무행정협의회에서 주관하는 보험을 들 수도 있다.

7. 재산관리

재단이사회는 구역회와 교회임원회의 지시에 따라 개체교회의 기물 및 부동산에 대한 법적 책임을 지고 있는 사람들의 모임이다. 따라서 재단이사회는 교회의 어느 행정위원회보다 정부와 밀접한 관계 속에서 법에 위배됨이 없이 재산을 관리해 나가야 할 의무가 있다.

교회의 멤버나 멤버가 아닌 사람들이 교회 건물을 사용하기 원하는 그룹이 많기 때문에 재단이사회는 융통성 있는 건물 사용 규정을 구역회나 교회임원회를 통하여 설정하여 놓는 것이 효과적이다. 그러나 억제보다는 선교적 차원에 규정을 정한다고 생각해야 한다.

- 교회건물 사용 시간표 작성 (건물을 자주 사용할 경우)
- 교회 멤버가 아닌 사람들이 건물을 사용하기 원하는 경우와 교회 장소를 빌려 이익을 남기려는 경우
- 건물 유지비를 위하여 기부금을 원할 경우
- 건물을 사용한 후 정돈과 청소가 필요할 경우
- 교회의 관리인을 필요로 할 경우
- 교회에서 할 수 있는 것과 없는 것을 정할 경우
- 교회 부엌을 사용할 경우

8. 부동산 구입, 매각, 양도, 임도, 교회건물, 교육관, 목사주택 건축

만일 교회가 부동산 구입을 계획하고 있다면, 다음과 같은 절차를 밟아 시행하도록 장정 ¶2540.3과 2541.3은 규정하고 있다.

교회건물이나 교육관 또는 목사주택을 새로 건축하거나 이런 부동산을 증축하는 데에 현 시가의 10% 이상 드는 개수 공사를 계획할 때면, 담임목사가 지방 감리사와 긴길한 관계 가운데 진행시키는 것이 효과적이며, 다음과 같은 행정절차를 밟아야 한다. 그밖에 건축위원회를 따로 구성하여 교회건물의 필요성, 위치, 설계, 재정 출처 등을 연구케 하는 것이 바람직하다. 장정은 재정 확보 등 모든 절차에 대하여 상세히 기술하고 있으므로 먼저 장정을 읽고 자문을 구하는 것이 좋다.

(1) 담임목사와 감리사의 서면 승낙을 받는다. 그 승낙서는 매각, 양도, 이전, 임대, 저당 서류에 포함되어야 한다. (장정 ¶2540.3; 2541.3)

(2) 지방회위치건물위원회의 승인을 받는다. 이 위원회는 개체교회의 미래 선교에 중점을 두고 매가, 양도, 이전, 임대 저당에 관한 결정을 한다. (장정 ¶2540.3; 2541.3)

(3) 담임목사는 구역회 소집공고를 적어도 10일 전에 발표하되 감리사의 사전승인을 받은 후에 홍보해야 한다. 공고는 주보를 통하여 해도 무방하나 소집 목적을 반드시 명시해야 한다.

(4) 구역회에서 참석한 회원들의 다수결로 구입 결정을 한다. 이와 반대로 교회가 소유하고 있던 부동산을 매각, 양도, 저당으로 잡힐 때는 위에 적은 절차 이외에 다음과 같은 절차를 더 밟아야 한다.

• 구역회의 다수결로 해당 안건을 통과한 후에 교인 전체의 과반수 찬성을 얻는다.

• 부동산을 매각하거나 양도하기 전에 담임목사와 감리사는 해당 부동산 처분 후에도 계속 선교활동을 할 수 있는 보장이 되어 있는지를 확인하고 승낙한다.

• 부동산 처분이 결정되면 재단이사회는 구역회의 지시에 따라 필요한 서류를 작성, 집행한다. 교회가 만일 법인체로 등기되어 있고, 지역사회의 법이 법인체의 결의가 필요하면 구역회와 교인 전체의 승낙 이외에 법인체만을 위한 총회가 별도로 필요하다. 이사 두 명이 모든 서류에 서명할 수 있으며 담임목사와 감리사의 승낙서를 첨부해야 한다.

9. 법적 책임

개인과 같이 법인체도 변호사의 도움이 필요할 때가 있다. 변호사와 의논하면 쓸데없는 시간과 노력을 낭비하지 않을 일들이 많이 있다. 사소한 일이라도 법적인 문제가 생길 때는 반드시 변호사의 자문이 필요함을 기억해야 한다. 다음과 같은 일이 생길 때 변호사의 도움을 요청하는 것이 좋다.

• 법과 관계된 서류를 받았거나 법원 또는 행정부에 등기 내지 출두 명령을 받았을 경우

• 일체의 부동산 매매계약을 체결할 경우

• 유서, 유증, 증여 등의 서류를 검토하고 작성할 경우

• 개체교회를 법인체로 등기할 경우

장정의 조항이 교회가 위치한 주 정부나 시 또는 현(County)의 법규와 상치될 때는 일반 공법을 우선적으로 따르도록 장정은 규정하고 있다. 이것은 장정을 무시하라는 뜻이 아니라 장정의 법규를 공법이 허락하는 한도 내에서 시행하라는 뜻이다.

법인체 등록

교단의 일반적인 현행 추세는 각 개체교회를 법인체로 등록하는 것이다. 개체교회가 비영리단체로 연방정부에 등록이 되어야만 교인들의 헌금이 세금을 보고할 때 수입공제대상이 될 수 있다. 그뿐만 아니라 부동산을 소

유하려고 해도 법인체로 되어야만 소유할 수 있으므로 그런 법적 문제도 해결할 수 있다. 재단이사회가 법인체 구성의 명령을 받으면 곧 절차를 밟은 후 감리사에게 통보하여 승인을 얻어야 한다.

법인체 구성에 있어 다음과 같은 사항을 유의해야 한다.
• 법인체는 연합감리교회가 정한 교회법에 따라 선교사업을 도와야 한다.
• 법인체의 이사회는 개체교회의 재단이사회가 되며, 그 임원들이 곧 법인이 이사회의 임원을 겸할 수 있다. 법인 이사회의 회계는 교회회계가 겸임해도 무방하다.
• 장정이 정해 놓은 재산에 관한 구역회의 권한과 책임은 재단이사회가 곧 그 일을 대행하게 된다.
• 법인체의 회원은 구역회의 회원으로 구성한다.
• 법인체가 해체될 경우에는 연회 재단이사회가 그 재산을 신탁으로 인수하게 된다. 이렇게 재산을 인수하는 이유는 법인체의 정관이 무효화될 때 교회임원들을 법적으로 보호할 수가 있기 때문이다.
• 법인체의 정관에 연합감리교회 장정이 규정하는 요구사항을 반드시 기입해야 한다. 이 가운데 가장 중요한 것은 모든 교회의 부동산을 등기할 때는 "신탁에 의하여 (in trust)" (장정 ¶2501) 라는 구절을 반드시 넣어야 한다.

"연합감리교회는 연대적 구조로 조직되어질 수밖에 없으며, 총회, 지역총회, 연회, 지방회, 개체교회나 구역회 또는 교회기관이 소유한 모든 재산은 연합감리교회의 신탁을 받은 소유자로 등기되어 있어야 하며, 장정이 정하는 바 규정의 통제를 받아야 한다." (장정 ¶2501)

등기증서에 넣을 신탁 구절에는 장정에 기재되어 있는 "교회 재산" 중에서 "등기증서에 넣을 신탁 구절"을 필히 다음과 같이 기입하여야 한다. (장정 ¶2503 교회 재산 중에서)
• 연합감리교회의 교역 및 연합감리교회 교인들의 신성한 예배 처소로 사용하고,
• 연합감리교회의 교역자 사택으로 소유하고, 보존하며, 유지하여야 하며,
• 예배 처소와 교역자 사택으로 사용하고,
• 연합감리교회의 권익을 위하여 소유하며, 유지하며, 처분하되, 연합감리교회의 사용 목적과 행정의 규정에 따라야 한다.

위의 네 구절이 결여되어 있을 때는 법정 소송에서 패할 경우가 많기 때문에 특별히 유의해야 한다.

10. 회의와 보고

재단이사회가 법인체의 이사회로 모일 때는 개체교회가 처해 있는 주법이 규정하는 대로 회의를 소집하고 진행해야 하므로 이 점에 각별히 유의해야 한다. 지역사회의 법을 알고자 할 때에는 지방감리사가 그 지역의 주법을 제일 잘 알고 있는 사람이므로 지방감리사와 미리 상의하는 것이 제일 적절한 도움이 될 수 있다.

※자료와 정보※

*장정 2016 (The United Methodist Publishing House), ISBN: 9781501833311.
주문: ☎ 1-866-629-3101 or www.cokesbury.com
*For legal information, information on risk management, and information on the United Methodist Association of Church Business Administrators:
General Council on Finance and Administration
1 Music Circle North, Nashville, TN 37203-0029
☎ 1-866-367-4232 or www.gcfa.org
*Information and Reference on Building:
General Council on Finance and Administration
Request at www.gcfa.org or The Path 1 Office Discipleship Ministries at http://www.umcdisdhipeship.org/new-church-starts/planting.
*For Information on Wills and Bequest:
Planned Giving Resources Center
Congregational Leadership Section
General Board of Discipleship
P. O. Box 340003, Nashville, TN 37203-0003
☎ 1-877-899-2780, ext. 7080
http://www.gbod.org/stewardship.
*For Further Assistance
Contact the Congregational Leadership Section
General Board of Discipleship,
P. O. Box 340003, Nashville, TN 37203
☎ 1-877-899-2780, ext. 7070.

* *Firm Foundations: An Architect and a Pastor Guide Your Church Construction* by Lance Moore and Daniel Michal
  (Lima: CSS Publishing, 1999).
* GCFA Legal Manual (General Council on Fiance and Administration; order forms available at www.gcfa.org) Provides basic information about legal issues that are common to organizations throughout the
  United Methodist religious denominations.
  1 Music Circle North, Nashville, TN 37203
  ☏ 615-329-3393; 615-329-3394 (Fax);
  ☏ 1-866-367-4232 (Toll Free)
  Email: GCFA@gcfa.org
* *What Every Leader Needs to Know* (series)
  (Nashville: Discipleship Resouces, 2004)

III. 프로그램 부서

교회는 하나님을 믿는 성도들의 모임이다. 교회는 그리스도를 머리로 한 지체이다. 모든 성도는 그리스도 안에서 한 몸을 이루고 있다. 개체교회에는 모든 부서와 기관이 이 몸 된 교회의 지체가 활발하게 활동할 수 있도록 조직되어 있는 것이다. 장정 ¶252.2에서는 개체교회의 가장 기본 되는 프로그램 부서를 세 가지로 간소화하여 기록하고 있다.

1. 양육사역부: 예배, 교육, 그리스도인의 인격형성 (영성훈련), 교인 관리, 소그룹, 청지기 등에 관심을 두는 사역
2. 대외선교사역부: 선교, 사회, 인종관계, 여성지위향상, 고등교육, 지역 및 전체 사회를 위한 자선, 정의 옹호사역
3. 증거사역부: 전도, 그리스도인의 체험, 평신도사역, 공보/홍보, 평신도전도, 신앙체험을 나누는 것과, 봉사활동에 관심을 두는 사역

한인교회는 구역회에서 요구하는 절차로 인하여 행정 부서들은 연합감리교회의 정체를 일반적으로 따르고 있지만, 프로그램 부서는 개체교회 나름대로 다양한 이름으로 조직하여 운영하고 있다 (예로, 팀, 목장, 사역, 등). 그러나 프로그램 부서들이 어떻게 조직되어 있든지 그 조직들이 하는 근본기능의 내용들은 다 같다고 말할 수 있다.

한인교회는 대부분의 교회에 속회나 소그룹사역이 조직되어 있기 때문에 그들을 독립된 부서로 조직하여 운영하든지 아니면 양육사역부와 관련지어 운영하면 될 것이다. 작은 교회들은 양육사역부, 대외선교사역부, 그리고 증거사역부만 조직하면 되고, 큰 교회들은 그 세 부서와 관련되어 있는 일들을 세분화시켜 조직하면 될 것이다. 그러므로 각부의 책임을 맡은 자들은 언제든지 담임목사를 중심으로 믿음의 공동체인 교회를 위하여 서로 협력해 나가는 체제를 유지하려고 노력해야 한다.

본 지침서에서 언급하는 모든 프로그램 부서를 개체교회에서 그대로 조직하라는 말이 아니다. 개체교회는 지도자 지침서에서 소개하고 있는 행정체제와 사역들 중에서 가장 적절한 부서만을 조직하면 될 것이다. 인적 자원이 풍부하지 않은 교회에서는 한 사람으로 하여금 양육사역부나, 대외선교사역부나, 증거사역부의 책임을 맡도록 하면 되고, 인적 자원이 허락되면 본 지침서에서 언급하고 있는 여러 부서들을 나누어서 책임을 맡으면 된다. 연합감리교회 장정은 개체교회를 세우기 위하여 개체교회에 가장 적절한 조직을 편성하도록 권장하고 있다.

1. 양육사역부
(Nurturing Ministries)

예배
(Worship)

예배는 신앙생활의 중심이다. 예배가 없는 교회는 있을 수 없다. 교인들은 예배를 통하여 하나님의 음성을 듣고 만날 수 있는 체험을 할 수 있기 때문에 하나님을 만나기를 원하는 마음으로 교회에 온다. 그리고 예배를 통하여 그들의 영적 갈증이 해소되기를 원한다. 예배는 우리가 중심이 아니라 하나님이 중심이시다. 교회가 성장하고, 교인들의 신앙이 성장하고 성숙해지려면, 은혜가 넘치고, 사랑이 넘치고, 성령이 충만한 생동적인 예배가 있어야 한다. 이러한 예배 분위기를 조성하기 위하여 예배부장은 다음과 같이 준비하면 효과적이다.

1. 예배부와 예배부장의 책임
(1) 교인들이 원하는 생동적인 예배의 취향을 알아보고 담임목사와 수시로 상의하여 은혜로운 예배 분위기를 제의한다.
(2) 담임목사와 상의하여 예배부가 할 수 있는 일을 알아본다.
(3) 담임목사, 음악목사 혹은 성가대 지휘자와 상의하여 예배에 도움이 되는 것을 알아본다.
(4) 교회력(강림절, 성탄절, 주현절, 사순절, 부활절, 성령강림절)과 봄/가을 부흥집회를 점검하고 예배부가 할 수 있는 일을 미리 준비한다 (촛불, 성만찬, 포인세티아, 백합화 등).
(5) 개체교회에 예배부가 조직되어 있으면, 회의를 준비하고 인도하며, 예배와 관계된 좋은 자료들이 있으면 회원들과 함께 나눈다.
(6) 교회임원회에 참여하여 예배와 관계된 것들을 보고하고, 예배의 중요성을 강조한다.
(7) 안내위원과 헌금위원들의 책임을 잘 알려 준다.
(8) 성만찬을 위한 떡과 포도주를 준비한다.
(9) 예배에 대해 훈련받을 기회가 있으면 참여하여 배운다.
(10) 전 예배부장으로부터 어떤 사항들이 잘 이행되고, 이행되지 않는지를 미리 알아둔다.

(11) 예배부는 1월이 다 지나가기 전에 다 함께 모여서 앞으로 1년간 하고 싶은 일에 대하여 이야기를 나누고, 얼마나 자주 만나기를 원하는지에 대하여 서로 의견을 나눈다.

(12) 예배부장과 예배부원은 예배에 빠지지 않고 참석할 뿐만 아니라 예배 전에 미리 나와 그 예배를 위하여 기도하고 작은 일에까지 세심한 주의와 점검과 준비를 해야 한다.

2. 예배부장의 선출과 임기

공천위원회의 추천을 받아 구역회에서 선출되며, 임기는 1년이다.

3. 예배부서와 담임목사

예배부는 담임목사와 긴밀한 관계를 가지고 은혜가 충만한 생동적인 예배가 되도록 정성껏 준비해야 한다. 예배의 절대적인 책임은 담임목사에게 있다. 그러나 은혜가 충만한 생동적인 예배 분위기를 조성하기 위해서는 예배부원들의 절대적인 협조가 필요하다.

예배부가 담임목사를 도와 할 수 있는 일들을 열거하면 다음과 같다.
- 주일예배 (낮, 저녁), 성만찬예식, 세례예식, 입교식 준비
- 주일 외에 있는 각종 예배, 부활절예배, 성탄절 전야예배, 수요예배, 금요 기도회, 부흥회, 창립기념예배 등을 위한 예배 준비
- 음악예배, 성극, 성무 등을 위한 준비
- 가정예배나 개인의 기도생활을 권장시키며 그 자료를 보급한다.
- 소그룹 기도회 모임이나 큐티 모임 같은 것들을 권장한다.
- 예배실 안에 있어야 할 비품들을 잘 구비해 놓는다.
- 주보, 안내위원, 헌금위원

4. 은혜가 충만한 예배 분위기를 어떻게 알 수 있나?

- 교인들이 각 개인을 환영하고, 존경하고, 보살펴 준다.
- 하나님의 이야기와 우리의 이야기가 조화를 이루어 잘 전달된다.
- 예수님의 십자가와 부활이 전파되고 있다.
- 부활하신 주님의 임재를 체험하고 있다.
- 예수님의 사랑과 능력을 체험하고 있다.
- 성령의 역사로 교인들과 신앙의 공동체가 변화되어 가고 있다.
- 교인들이 찬양과 기도생활을 하고 있다.
- 복음을 전파하고 싶은 마음이 일어나고 있다.
- 하나님의 부르심을 들으며 그 부름에 응답한다.

- 모든 사람이 예배가 중요하다고 생각하고 또 그렇게 행동한다.
- 교인들이 치유를 경험하게 된다.
- 희망이 있음을 느끼게 된다.
- 예배에 박력이 있다.
- 예배실의 장식들이 하나님의 임재를 느끼도록 돕는다.
- 회중과 지도자가 한 방향으로 가고 있음을 느끼게 해준다.

5. 예배와 판권

　예배와 관계된 자료들은 판권과 관련된 작품들이 많이 있다. 특히 영상, 사진, DVD, CD, 찬양곡은 판권 문제가 심각하다. 한인교회에서는 예배 본 것을 테이프 하여 자유롭게 전도용으로 사용하는 경우가 있으나 설교만 제외하고는 판권에 접촉되는 경우가 많이 있기 때문에 조심하여야 한다. 찬송가 75년 미만의 작사 작곡들은 판권에 접촉되는 경우가 많다.

　미국에서는 1976년 판권법에 의하여, 교회에서 많이 사용하는 찬양곡들을 복사하는 것이 위법으로 되어 있다. 요즈음은 한국의 국제 판권도 많이 강화되어 있다. 대형교회일수록 판권에 조심하여야 한다. 교회도 법적인 이슈로 고소당하는 예가 많기 때문에 조심해야 할 것이다. 교회라고 해서 법에서 제외된 조직체가 아니다. Christian Copyright Licensing, Inc에서 허락을 받은 후 찬양곡들을 사용하는 것이 현명하다. 약간의 사용료를 지불해야 한다.

- CCLI Licenses는 회중이 부르는 노래는 복사를 허용하지만, 찬양대가 사용하는 노래는 복사를 허용하지 않는다.
- Performance licenses는 회중이 부르는 노래도 복사를 허용 안 한다.
- Mechanical licenses는 DVD, CD 제작을 위한 복사를 허용한다.
- Rehearsal licenses는 회중이 예배에서 사용하기 위하여 오디오나 비디오로 복사하여 연습하는 것을 허용한다.
- Synchronization licenses는 인터넷으로 중개하는 것을 허용한다. 인터넷에 저장되어 있는 것을 다운로드하여 보는 것도 허용한다.
- Podcasting licenses는 회중이 예배를 위하여 다운로드 하는 것을 허용한다.
- Video or movie licenses는 합의한 대로 비디오나 영화를 전시하는 것을 허용한다.

　그러나 이러한 licenses가 복사, 레코드, 연습, 전시, 인터넷 중개, 혹은 다운로드를 모두 허용하는 예는 없다. 각 license를 별도로 알아보아야 한다.

※자료와 정보※

＊www.lectionary.library.vanderbilt.edu/lectionary
＊www.textweek.com with lectionary links
＊www.homiletics.org, Website for the Academy of Homiletics (free and subscription)
＊www.bookstore.upperroom.org, *Our Membership Vows* by Mark Stamm. Connects what we say in the baptismal ritual with how we live as disciples of Jesus Christ.
＊찬송과 예배 (Nashville: Abingdon Press, 2001), ISBN: 9780687085132.
주문: ☎ 1-866-629-3101 or www.cokesbury.com
＊ *By Water and the Spirit: A Untied Methodist Understanding of Baptism*, www.umcworship.org
＊ *The United Methodist Book of Worship* (Nashville: The United Methodist Publishing House, 1992), ISBN:9780687035724.
☎ 1-866-629-3101 or www.cokesbury.com
＊ *Come to the Waters* by Daniel Benedict (Nashville: Discipleship Resources, 1997), ISBN 9780881771794.
A process for adult formation as disciples, involving public worship and personal and small-group practices.
주문: ☎ 1-866-629-3101 or www.cokesbury.com
＊ *A Disciples Journal: Daily Bible Reading and Guidance for Reflection* by Steven Manskar (Discipleship Resources). Published annually.
＊ *Accountable Discipleship: Living in God's Household* by Steven M. Manskar (Nashville: Discipleship resources, 2003), ISBN: 9780881773392.
＊ *Upper Room Disciplines* (Upper Room Books). Annuual deveotional resource.
＊ *The Worship Workshop* by Marcia McFee (Nashville: Abingdon Press, 2002), ISBN: 9780687046348.

기독교교육
(Christian Education)

　기독교교육의 목적은 그리스도인이 성경과 기독교의 가르침에 근거하여 그리스도의 제자가 되어 영적으로 계속 성장할 수 있도록 도와주는 데 있다. 그러한 의미에서 기독교교육은 믿음을 심어 주고, 그 믿음이 성장하고 성숙해질 수 있도록 하나님과 그리스도와 성령과 성경과 교회에 대하여 알려 주기 위한 믿음의 터를 닦아 주는 훈련이다. 기독교교육은 교인들로 하여금 예수 그리스도의 사랑을 체험하도록 도와주고, 하나님을 알고 만날 수 있도록 도와주는 데 있다. 기독교교육은 성경이 가르치는 가치관에 입각하여 그리스도인의 성품과 인격을 형성해 나가는 데 있다. 그리고 하나님께서 약속해 주신 것들을 선포하고, 그리스도의 제자로서 성숙해 가면서 세상에서 그리스도와 이웃을 위하여 봉사하도록 도와주는 데 그 목적이 있다. 기독교교육은 설문조사를 할 때마다 그리스도인들이 제자로 성숙해 가는 과정에서 가장 크게 영향을 미치는 매개체 중에 하나로 나타나고 있다.
　성숙된 신앙은 하나님과(예수 그리스도)의 관계뿐만 아니라 인간과 인간 간의 관계가 잘 정립되어 있는 신앙이다. 기독교교육을 통하여 우리는 하나님께서 우리를 부르시는 목적과 의미를 깨달아 알 수 있게 되며, 기독교의 가르침을 삶에서 실천하는 방법을 배우게 된다.
　그리스도인의 삶은 평생을 두고 변화되어야 하는 삶이기 때문에 교육부장 혹은 주일학교 교장은 영아부, 초등부, 중고등부, 장년부에 속한 모든 사람에게 하나님을 깨달아 알 수 있는 배움의 장을 마련하여 주고, 그리스도의 제자가 될 수 있는 훈련의 장을 마련하여 주어야 하는 사람이다.
　교회의 사명은 예수 그리스도의 제자를 길러내는 데 있다는 사실을 명심하자. 그 사명 때문에 개체교회는:
　1) 복음을 전파하며, 그리스도의 몸 된 교회를 찾는 사람들을 환영하고, 받아들여야 한다.
　2) 하나님과 교제하도록 권장하고 예수 그리스도 안에서 하나님의 사랑에 헌신하도록 초대할 수 있어야 한다.
　3) 영적으로 성장할 수 있고 양육시킬 수 있어야 한다.
　4) 성령의 능력 안에서 치유의 역사가 일어나고, 굶주린 사람들에게 먹을 것을 주고, 손님을 대접하고, 억눌린 사람을 풀어주기 위하여 사랑과 의의 삶을 살 수 있도록 도와주어야 한다.

1. 교육부장/주일학교 교장의 책임

(1) 하나님께서 이 교회를 들어 쓰시고자 하시는 뜻이 무엇인지 이해하려고 한다.
(2) 교인들이 하나님과 관계를 맺으면서 하나님의 부르심에 응답할 수 있도록 원하는 것에 경청한다.
(3) 교육부 회의를 인도한다.
(4) 교육 행정과 프로그램을 책임진다. (그러나 주일학교 교장이 별도로 조직되어 있으면, 주일학교 프로그램은 교장에게 맡기는 것이 현명하다.)
(5) 교사들과 상의하여 교재, 도구, 학용품들을 준비한다.
(6) 보결 교사를 찾아낸다.
(7) 가르치고 배우고 영성훈련을 위한 계획과 전략을 세운다.
(8) 교육 프로그램을 교인들에게 설명하여 주고 홍보한다.
(9) 교육부 예산을 재정위원회에 제출하고 관리한다.
(10) 기독교교육주일을 장려한다.
(11) 여름성경학교 (VBS) 책임자로 직접 일하든가 혹은 책임자를 선정한다.
(12) 주중에 진행되는 성경공부반이나 다른 공부반을 장려한다.
(13) 담임목사와 상의하여 기독교교육을 위한 비전을 설정한다.
(14) 담임목사와 상의하여 주일학생들이 예배시간에 발표할 수 있도록 기회를 마련한다.
(15) 교회임원회로부터 주일학교가 사용할 교재를 공식으로 인준받는다.
(16) 교육 프로그램과 클래스와 교사에 대하여 평가를 한다.

개체교회의 크기에 따라 교육부장이 모든 교육을 책임 맡아 프로그램을 진행하는 교회가 있고, 교육부와 주일학교를 분리하여 운영하는 교회도 있다. 개체교회에는 주일학교 이외에도 여러 종류의 교육 프로그램이 있을 수 있기 때문이다 (예를 들어, 성경공부, 새신자 성경공부, 어린이, 중고등부, 장년부 교육 프로그램 등).

교육부장은 개체교회 전반에 걸친 교육 프로그램을 책임 맡은 사람이요, 주일학교 교장은 주일학교만을 책임 맡은 사람이다. 어떻게 조직되어 있든 개체교회는 배우려고 노력하는 데 정성을 많이 쏟아야 한다.

2. 교육부장/주일학교 교장의 선출과 임기

공천위원회의 천거를 받아 구역회에서 선출하고, 임기는 1년이다.

3. 교육부장과 다른 교육부서와의 관계

(1) 구역회와의 관계
구역회에서는 개체교회의 정책과 예산과 선교의 방향을 설정한다. 교육부장의 책임은 구역회에 개체교회 교육 프로그램 제반에 걸쳐 보고하게 되어 있다. 또 구역회로부터 기독교교육에 관한 지시를 받게 되어 있다.

(2) 교회임원회와의 관계
교회임원회는 구역회를 대신하여 개체교회의 선교를 기획하고 지원하는 행정 기구이다. 교회임원회에서 교육 프로그램 제반에 걸쳐 보고한다.

(3) 다른 교육부서와의 관계
개체교회의 크기에 따라 여러 가지 다른 교육 부서를 필요에 따라 조직하여 놓은 교회들이 많이 있다. 그리고 주일학교와는 별도로 유년부, 청소년/중고등부, 청년부를 조직하여 별도로 프로그램을 하는 교회도 많이 있다. 교육부장은 이들과도 함께 일을 해야 한다. 개체교회의 형편에 따라 주일학교 교장과 소그룹 부장을 별도로 두는 교회들도 있다. 교육부장은 이들과도 긴밀한 관계 속에서 일을 해야 한다.

4. 교육부가 할 일

교육부의 기본 책임은 교회가 교회의 기본 사명에서 벗어나지 않도록 회중을 늘 명심시켜 주는 일이다. 교육의 궁극적인 목적은 교육에 참여하는 사람들이 영적으로 성장할 수 있으며, 그리스도의 진실한 제자가 되어 신앙 안에서 늘 성장할 수 있도록 도와주는 데 있다는 사실을 명심해야 한다.

기독교교육은 단순히 성경에 대한 지식, 교회에 대한 지식, 하나님에 대한 지식을 얻는 그 이상의 것이다. 그리스도인은 예수 그리스도의 은혜 안에서 평생을 두고 변화되면서 새 삶을 체험하여야 하는 사람들이다. 기독교교육은 사람들로 하여금 평생을 두고 변화될 수 있도록 도와주는 사역을 하는 부서인데, 사람들이 하나님과 관계를 맺으면서 체험하기 위하여 무엇을 알아야 하고, 하나님의 백성인 우리가 누구이며, 무엇을 해야 하는지를 일깨워주는 부서이다.

교육부는 교회의 교육 프로그램의 책임을 맡고 있는 부서이다. 대부분의 교회가 주일학교에만 주력하고 있으나 여름성경학교, 교사훈련, 유년부, 청소년/중고등부, UMYF (United Methodist Youth Fellowship), 청장년부, 장년부, 기타 강습회, 워크숍, 수양회 등 활동범위가 아주 광범위한 부서가 바로 교육부이다.

한인교회에서는 성경공부반, 강연회, 강습회, 여름수양회 등 각양 각색의 교육 프로그램을 제공하고 있다. 다양한 교육 프로그램을 계획할 때, 프로그램 자체보다는 교인들의 필요를 충족시켜 줄 수 있는 프로그램에 유의해야 한다. 기독교교육이 없는 교회는 하나님의 뜻이 무엇이고, 삶을 어떻게 살아야 하느냐는 문제에서부터 시작하여 요한 웨슬리가 주장한 "기독교인의 완전"을 향한 신앙의 성숙을 기대할 수 없을 것이다. 예수께서 가르치시는 것에 중점을 두신 것은 우연이 아니다. 교육부는 배우려고 노력하는 분위기를 만들려고 노력과 정성을 다 쏟아야 한다.

(1) 계획

효율적이고 성공적인 결과를 거두려면 세밀한 계획이 필요하다. 좋은 교육은 좋은 계획에서 온다. 우선 교회가 성취하기 원하는 것을 생각해 보면 좋다. 교회의 형편을 파악해 둔다.

가) 정보 수집

개체교회마다 특성이 있기 때문에 멤버들이 가장 필요로 하는 정보를 수집해야 한다. 좋은 정보에서 좋은 계획이 세워질 수 있다. 좋은 정보를 수집하기 위하여 우선 교육의 대상자들인 유년, 청소년, 청장년, 장년들의 실태를 조사해 본 후 그들의 기독교교육에 관한 참여도를 파악해 두는 것이 좋다. 지역사회의 실정과 인구이동 취향 등을 알아보자. 그밖에 교육부에 영향을 끼칠 만한 요소들(긍정적인 것과 부정적인 것)이 무엇인지 조사해 보라. 교육부가 교인들에게 관심과 사랑을 표현할 수 있는 길이 무엇인지 생각해 보라. 몇 가지 예를 들어본다면 다음과 같은 것들이 있을 것이다.

- 성경에 대한 지식과 성경을 해석할 줄 아는 지식
- 교회에 대한 지식
- 영성훈련과 신앙을 삶에 적용할 줄 아는 지식
- 기독교의 가치관으로 인격을 형성하는 지식

나) 평가

교사들과 함께 지금까지 교회가 행한 교육 프로그램들의 장단점을 조심성 있게 평가해 보자. 그렇게 해야 어떤 것은 중단하고, 어떤 프로그램은 더 계속하고, 또 개선해 나가야겠다는 계획을 할 수 있다. 평가는 먼저 설정한 목표와 목적을 달성했는지 못했는지 검토해야 한다. 얼마나, 어떻게, 잘 성취했는가? 그리고 교사들의 교수 능력이 어떠했는가? 학생들의 이해, 태도, 감정과 행동이 어떻게 변화되었는가를 평가하는 것이다.

다) 목표 설정

계획을 하는 데 방향을 제시하기 위하여 교육부에서 제공할 기독교교육의 목적과 우선순위를 먼저 설정할 필요가 있다. 목적이 여러 가지일 때나 (주일학교 출석 증가, 교육 프로그램 발전, 교사양성 등) 목표를 세울 때에 우선순위를 세워야 한다. 그래야 그 목표를 달성하기가 쉽다.

(2) 조직

기독교교육을 온전히 수행하기 위하여 주일마다 시행하는 주일학교만이 아니라 한 주간 내내 시행할 수 있는 다양한 교육 프로그램을 생각할 수 있다. 제자훈련반, 성경공부반, 단기 성경공부반을 위시하여 여름성경학교, 수양회, 사경회 등을 조직하여 전 교회 프로그램이 기독교교육이 될 수 있도록 연중 프로그램을 만들어 수행해야 한다.

(3) 모집, 훈련, 협조

새 교사와 지도자들을 찾아내 훈련시키고 협조해 나가는 일이 기독교교육에 필요하다. 교육 프로그램의 성패는 훌륭한 교사와 지도자들을 양성해 내느냐 양성해 내지 못하느냐에 달려 있다. 그러므로 교회 안에 지도자 양성 프로그램이 연중행사로 되어 있어 계속해서 지도자들을 발굴하고 훈련해 나갈 수 있으면 좋다. 지도자를 발굴하여 일을 맡기기까지에는 조심성 있는 준비과정이 필요하다.

능률적인 교사나 지도자는 늘 성숙하기를 원하는 사람들이다. 그들이 계속해서 성장할 수 있도록 프로그램을 만들 때에는 기독교교육 프로그램도 효과적으로 진행되고 본인들도 보람을 느끼고 기뻐 봉사하게 된다. 교사와 지도자들을 위한 각양각색의 강습회, 워크숍, 세미나 등을 친히 개최하든지 또는 참석시키도록 길을 열어 주어야 한다. 무엇보다 그들을 전 교회가 사랑하고 소중히 여기고 감사하는 분위기를 조성해야 한다.

능률적인 교사가 되기 위하여 교사들은 다음 것에 유의해 보자.
- 영성훈련을 통하여 하나님과의 관계를 형성한다.
- 사람들이 원하는 것들에 귀를 기울이고, 그것들을 이해하려고 노력하면서 사람들과의 관계를 형성한다.
- 가정과, 사업체와, 사회를 생각하면서 사람들의 경험에 경청한다.
- 선교사역에 동참하면서 세상에 임한다.
- 가르치기 위한 여러 가지 방법을 터득하면서 가르침에 임한다.

(4) 교육자료 선택과 준비

교육부장은 담임목사와 상의하여 개체교회에 있는 다양한 공부반을 위한 적절한 자료를 소개해 줄 수 있을 뿐만 아니라 자료 선택에도 도움을 주어야 한다. 교육자료 선택은 신앙성장에 중요한 영향을 주기 때문에 교육부장/주일학교 교장은 이 점을 충분히 고려하여 준비해야 한다. 특히 우리 교회 교육의 목적을 달성하기 위하여 우리가 사용하는 자료들이 성서적으로나 신학적으로나 교육학적인 면에서 건전한지 검토해 보아야 한다. 우리가 사용하는 교재를 통하여 학생들에게 기독교 신앙의 기초를 놓아주고,

가치관을 형성하는 데 도움을 주고, 삶에 대한 태도가 변하게 도와줄 수 있는지에 대하여 점검해 보는 것이 좋다. 교육 자료들을 선택할 때에는 다음의 것들에 대하여 유의하기 바란다.
- 성경을 학생들의 삶과 연결시켜 주는가?
- 교사의 영적인 삶에 도움을 주는가?
- 교사들이 따라야 할 지시가 분명한가?
- 예배와 영성훈련의 체험을 고려하는가?
- 교육 활동이 성경과 신앙을 더 잘 터득할 수 있도록 도와주는가?
- 다양한 인종들을 골고루 삽화로 사용하는가?
- 그룹 활동을 다양하게 제공하는가?
- 연령에 적절한 활동을 제공하는가?
- 하나님의 은혜를 체험할 수 있도록 돕는가?
- 남에게 관심을 갖고, 돕고, 희망을 줄 수 있도록 도와주는가?
- 예수 그리스도에게 헌신하는 삶을 살 수 있도록 도와주는가?

교사들을 위해서는 다음과 같은 자료들이 도움이 될 것이다.
> 성경주석, 성경사전, 지도, 용어 색인
> 어린이용 성경
> 연령의 특징을 가르쳐 주는 자료들
> 교수 방법에 도움이 되는 자료들
> 영성에 도움을 주는 책자들

콕스베리에서 교재를 위해 무료로 제공하는 견본이나 웹사이트나 카탈로그를 살펴본 후, 교재 선택을 하는 것이 효과적이다. 콕스베리는 교회가 크든 작든 다양한 카탈로그를 계절에 따라 수시로 담임목사에게 우송하고 있으니 담임목사에게 문의하면 된다. 교회가 이 카탈로그를 분실했을 경우에는 1-800-672-1789 혹은 1-866-629-3101 혹은 1-800-251-8591로 전화하면 무료로 보급 받을 수 있다.

자료들을 주문할 경우, 사용 날짜로부터 최소 한 달 동안의 여유를 두는 것이 효과적이다. 그리고 자료가 교회까지 배달되는 시간은 5-7일이다. Cokesbury에서는 월요일부터 금요일까지는 7시부터 오후 6시 30분 사이에 주문할 수 있고, 토요일에는 8시부터 4시 사이에 주문할 수 있다. 이 시간은 모두 Central Time이다.

(5) 홍보

교육부 프로그램 소식을 학생, 교사, 부모, 목사 등 전 교우들에게 알릴 필요가 있다. 그래서 교회 전체가 기독교교육에 관심을 가지고 피차에 도움을 나누게 될 것이다.

(6) 교육 프로그램을 통한 전도

한인교회에서는 건전한 교육 프로그램이 없이는 교회 성장을 기대할 수 없다. 한인교회는 교육 프로그램과 교회 성장이 직결되어 있기 때문이다. 교육 프로그램이 잘 되면 교회도 부흥하며, 교육 프로그램이 부진하면 교회도 쇠퇴해진다. 그러므로 교육 프로그램을 다양하게 제공하면서 교회를 강화시켜야 한다. 교회는 예배와 기독교교육과 봉사생활이 중심이 되어야 한다. 예배와 기독교교육이 없는 교회는 천 명, 만 명이 모여도 오합지중이요 하나님의 뜻을 이 땅에 펴는 귀한 사역을 감당할 수 없게 된다.

※자료와 정보※

* Web Resources at www.umcdiscipleship.org
  Assessing Ministry
  Choosing Curriculum Resources
  A Comprehensive Plan for Teacher Development
  Development Through the Life Span
  Evaluating Your Ministry
  Forming an Effective Christian Education Team
  Planning for Christian Education
  Recruiting Teachers
  What Every Teacher Needs to Know
* www.gbod.org/education
* www.cefumc.org/Christians Engage in Faith Formation
* *Foundations: Shaping the Ministry of Christian Education in Your Congregation* (Nashville: Discipleship Resources, 2003). ☎ 1-800-814-7833 or www.gbod.org/education
* 말씀과 생활: 강해 성경공부 원달준 지음 (Nashville: Cokesbury Press, 2012-2016). 말씀과 생활은 모두 30권으로 되어 있으며, 창세기부터 요한계시록까지 성경 66권 전체를 각 권마다 개별로 공부할 수 있는 것이 특징이다. 말씀과 생활은 성경 말씀 속으로 좀 더 깊이 들어갈 수 있도록 안내하여 주고, 말씀 속에 들어가서 하나님의 음성을 듣고, 하나님을 만나고, 하나님의 뜻을 헤아려 알고, 깨달은 말씀을 조용하게 묵상해 보고 우리의 생활 속에서 적용할 수 있도록 안내해 주는 책자이다.
  주문: ☎ 1-866-629-3101 or www.cokesbury.com

유년부
(Children's Ministries)

"한때 부모들의 소유물로 여겨졌던 어린이들은 지금 그들 나름 대로 완전한 인간임을 우리는 확인하나, 부모들과 사회 일반은 그들 에게 대하여 특별한 의무가 있음을 또한 인정한다. 모든 어린이들이 가치 있는 인간으로서 완전히 성장하도록 도움을 주는, 계획된 교육 제도와 혁신적 교육방법을 우리는 지지한다"(<u>장정</u> ¶162c 사회원칙, "어린이들의 권리" 중에서).

1. 유년부장의 책임
(1) 어린이들이 필요로 하는 것과 연령의 특성에 대하여 알아둔다.
(2) 어린이를 가진 부모와 가르치는 교사와 밀접하게 접촉한다.
(3) 어린이들과 함께 일하기를 원하는 이들을 확보한다.
(4) 어린이들을 위한 사역에 관심도와 프로그램을 평가한다.
(5) 어린이사역을 위한 재정을 교회에 요청해서 확보한다.
(6) 어린이들을 위한 안전한 분위기를 조성하고 또 권장한다.
(7) 어린이들을 위한 자료들에 대하여 알아두고 또 확보한다.
(8) 어린이들이 예수님을 따르도록 인도한다.
(9) 어린이들을 가르치고 돌보는 교사들을 대변한다.
(10) 개체교회에 유년부가 조직되어 있으면 이끌어 나간다.
(11) 교회임원회에 어린이들과 관계된 문제들을 대변한다.
(12) 담임목사, 교육목사, 교육부장, 다른 임원들과 어린이들을 위한 사역에 관하여 밀접하게 상의한다.
(13) 구역회와 교회임원회에 참여한다.
(14) 어린이들에 대하여 배우려고 노력한다.

2. 유년부장의 선출과 임기
공천위원회의 천거를 받아 구역회에서 선출되며, 임기는 1년이다.

3. 유년부장과 다른 부서와의 관계
유년부 혹은 유년 주일학교는 어린이들이 믿음 안에서 신앙훈련을 받고 보살핌을 받아 하나님과 이웃을 사랑하는 자녀로 성장할 수 있도록 신앙을 개발하여 주는 부서이다. 유년부장이 다른 부서와 함께 일할 때, 늘 염두에 두어야 할 것들은 다음과 같은 질문들일 것이다:
- 우리 교회에는 어린이사역을 위한 비전이 있는가?
- 우리 교회에는 어린이들이 봉사할 수 있는 사역이 있는가?
- 우리 교회는 어린이들이 가정에서 신앙이 성장할 수 있도록 어떻게 부모들을 도와주고 있는가?
- 우리 교회는 어린이들이 위기에서 벗어날 수 있도록 도와주고 있는가?

유년부장은 늘 위와 같은 질문들을 마음에 두고 다른 부서와 가깝게 사역을 해야 할 것이다. 유년부장은:
(1) 교회임원회에 참석하여 어린이들을 위한 사역을 보고한다.
(2) 개체교회에 교육부가 조직되어 있으면 참석한다.
(3) 한인교회는 교회의 크기에 따라 교육부장과 유년부장과 주일학교 교장직이 하나로 되어 있는 교회가 많이 있을 것이고, 교육부장과 주일학교 교장직과 유년부장이 분리되어 있는 교회도 있을 것이다.

유년부장과 주일학교 교장의 기본 차이는 유년부장은 교회 전반에 걸친 어린이 사역을 책임 맡은 사람이고, 주일학교 교장은 주일학교만 책임 맡은 사람이다. 이 두 직책이 분리되어 있지 않으면, 물론 유년부/주일학교 두 직책을 하나로 생각하면 될 것이다.

4. 무엇을 어떻게 시작하면 되는가?

담임목사와 (또한 교회에 어린이를 위한 전문사역 담당자가 있으면 그와) 상의하고 책임이 끝날 때까지 그들의 조언을 듣는다.
- 교회가 가고 있는 방향에 대하여 알아둔다.
- 어린이와 관계된 모든 사역을 인도한다.
- 어린이사역을 계획하고, 그 사역을 교회임원회에 보고한다.
- 어린이들을 위한 자원봉사자들의 수고를 찬하해 준다.
- 잘 진행된 것과 잘 진행되지 않은 것을 평가해서 기록해 둔다.

5. 어린이들을 위한 신앙훈련

유년부장은 어린이들이 신실한 예수 그리스도의 제자들로 성장할 수 있도록 도와주는 책임을 맡은 사람이다. 제자 삼는 것을 토대로 하여 모든 일을 계획하고 진행해야 한다. 어린이 하나하나를 어른 교우와 똑같이 중요하게 대해 주고, 어린이들의 신앙과 인격이 최대한으로 성숙하고 발전해 가도록 도와주고 인도해 주어야 한다. 또한 유년부장은 어린이들을 위한 신앙교육을 돕기 위하여 부름을 받은 사람일 뿐만 아니라 유년부와 관련해서 세 분야에 신경 쓸 것을 권장한다: (1) 어린이와 가정을 우선으로 할 것; (2) 개체교회에서 성적 학대의 사고가 일어날 가능성을 배제시킬 것; (3) 개체교회는 어린이들을 돌보아 줄 것.

6. 어린이들이 교회에 가지고 오는 선물
- 사실을 있는 그대로 볼 수 있는 능력
- 어린이들을 통해 전개되는 새 세계관
- 옛것을 도전하고 새로운 것을 볼 수 있는 눈
- 쳐다만 보아도 사랑하고 싶은 마음을 깨워줌
- 자식 없는 사람들에게 위로가 됨
- 어린이가 세례받는 것을 보면서 어른들도 자신들이 세례받은 사람들이라는 사실을 상기시켜줌
- 하나님께 열려 있는 마음과 꾸밈없는 신앙
- 어린이만이 가지고 있는 순수한 기쁨

7. 어린이들을 위한 기회
(1) 유아에서 두 살까지
- 하나님의 자녀로 받아들이고 사랑하는 일
- 깨끗하고 안전한 방을 마련하는 일
- 안전한 도구와 장난감을 마련하는 일
- 이 연령층을 위한 교사 훈련과 주일학교 반을 마련하는 일
- 부모들이 회의에 들어갈 때 돌보아 주는 일
- 신앙을 개발하여 주는 일

(2) 세 살에서 다섯 살까지
- 하나님의 자녀로 받아들이고 사랑하는 일
- 흥미에 맞추어 활동할 수 있는 안전한 방을 마련해 주는 일
- 신앙을 개발하여 주는 일
- 교사 훈련과 주일학교 반을 마련하여 주는 일
- 여름성경학교(VBS)를 마련하여 주는 일
- 어린이 찬양대를 통한 음악 경험
- 선교에 대하여 배우고 선교 프로그램에 참여하는 일
- 교회의 주중 프로그램의 길을 열어 주는 일 (프리스쿨, 데이케어 등)

- 부모들이 교회 프로그램에 참여할 때 보살펴 주는 일
- 오락, 음악, 그리고 창조적일 활동을 제공하여 주는 일

(3) 초등부
- 하나님의 자녀로 받아들이고 사랑하는 일
- 흥미에 맞추어 활동할 수 있는 안전한 방을 마련해 주는 일
- 신앙을 개발하여 주는 일과 청지기 프로그램에 참여하는 일
- 교사 훈련과 주일학교 반을 마련하여 주는 일
- 선교에 대하여 배우고 선교를 위한 프로그램에 참여하는 일
- 여름성경학교를 마련하여 주는 일
- 연령에 적절한 활동과 어린이 찬양대를 조직하여 주는 일
- 친구들을 교회에 데리고 오게 권장하는 일

(4) 부모
- 신앙을 개발하는 일
- 자녀교육 반을 마련하여 주는 일
- 주일학교 반을 마련하여 주는 일
- 어린이들을 위하여 안전한 분위기를 만들어 주는 일
- 특별한 환경에 처해 있는 사람들을 돌보아 주는 일 (사망, 약물)
- 아이들을 가르칠 수 있는 기회를 마련하여 주는 일
- 아이들이 잘 자랄 수 있도록 가르쳐 주는 일
- 어린이와 관계되어 있는 사회정보와 교회의 역할을 알려 주는 일
- 어린이들의 권익을 위하여 참여할 수 있게 도와주는 일
- 세례와 성만찬에 대하여 배울 수 있는 기회를 제공하는 일
- 어린이들을 더 잘 이해하기 위한 자료를 제공하는 일

※자료와 정보※

*The Office of Children's Ministries
General Board of Discipleship
P. O. Box 340003, Nashville, TN 37203-0003.
☎ 1-877-899-2780 ext. 1761; 1-800-685-4370
www.gbod.org/children.

*The United Methodist Publishing House, Curric-U-Phone:
☎ 1-800-251-8591 or www.cokesbury.com

*Children's Teacher. Quarterly magazine. Available from Cokesbury. ☎ 1-866-629-3101 or www.cokesbury.com

* *Foundations Shaping the Ministry of Christian Education in Your congregations* (Nashville: Discipleship Resources, 2003). www.umcdiscipleship.org
* *Leader in Christian Education Ministries.* Quarterly magazine. ☏ 1-866-629-3101 or www.cokesbury.com
* *Baptism: Understanding God's Gift* by Edward and Sara Webb Phillips (GBOD). A guide for parents and guardians preparing to present their children for baptism and for those who seek a deeper knowledge of this sacrament.
* *Real Kids, Real Faith-Practices for Nurturing Children's Spiritual Lives* by Karen Marie Yust (San Francisco: Jossey Bass, 2004. ISBN 9780787964078). Insight and helpful tips for nurturing children's spiritual and religious formation.
* *Tranining Model in Children's Ministry* (GBOD or your Annual Conference office). Web-based training that covers the basics of the importance of ministry with chidlren, including developmental, safety, and theological issues.
* www.ministrywithchildren.com
* www.umcdiscipleship.org, Monthly Web-Based Training
* www.cefumc.org, Christians Engage in Faith Formation
* www.pockets.upperroom.org, *Pockets Magazine*
* www.godlyplayfoundation.org, Godly Play teaches children as young as three the art of using religious language.
* *Child Care and the Church* (Discipleship Ministries). Offical document of The United Methodist Church outlining responsibilities in initiating, encouraging, and participating in the hightest quality of childcare.
* *What Every Child Should Experience: A Guide for Leaders and Teachers in United Methodist Congregations* by Melanie C. Gordon (Discipleship Ministries). Free, comprehensive scope and sequence supports teachers and leaders in addressing the scriptural, devlopmental, and formational needs of children.

청소년/중고등부
(Youth Ministries)

청소년사역이란 "청소년에 의한, 청소년과 함께 하는, 청소년을 위한 모든 활동과 교회의 관심사를 포함한다." (장정 ¶253.3)

청소년사역이란 "청소년들을 사랑하는 것, 그들이 하나님과의 관계를 발전시키는 일에 격려하는 것, 양육과 성장의 기회를 제공하는 것, 그들이 공동체 안에서 섬기도록 하나님의 부르심에 대하여 응답하도록 촉구하는 것이다." (장정 ¶1119.2)

1. 청소년부장/중고등부부장의 책임 (장정 ¶256.3a)

(1) 교회임원회에 참석하여 청소년/중고등부사역과 관련된 프로그램과 그들을 위한 선교가 포함되도록 제안한다.

(2) 청소년/중고등부 학생들이 예수 그리스도의 제자들로 성장할 수 있도록 도와주고, 그들이 교회와 지역사회를 위하여 봉사할 수 있도록 도와준다.

(3) 교회에서 청소년/중고등부 연령층을 위하여 혹은 그 연령층과 함께 사역하는 사람들(주일학교, 청소년부)에게 그들의 사역의 내용과 역할에 대하여 이해시켜 준다.

(4) 청소년/중고등부를 위한 개체교회의 기본 사명에 초점을 맞추어 사역을 한다.

(5) 예배와 헌금과 성경을 강조하고 실천하도록 강조한다.

(6) 청소년/중고등부를 위한 프로그램에 학생들을 참여시켜 그들로 하여금 결정권을 행사케 한다.

(7) 청소년/중고등부 학생들이 예배를 드릴 수 있고, 함께 공부할 수 있고, 친교할 수 있고, 교회 안팎에서 봉사할 수 있는 분위기를 마련하여 준다.

(8) 청소년/중고등부를 위하여 출판되는 자료들을 익혀둘 뿐만 아니라 청소년/중고등부 지도자들을 위한 워크숍이 있으면 참여한다.

(9) 청소년/중고등부 활동을 지원해 줄 수 있는 부모들을 모집한다 (차편, 음식 등).

(10) 지도력이 있는 학생을 발굴하고 지도력을 키워준다. 중고등부 학생들과 함께할 수 있는 프로그램을 함께 기획하고 이행한다.

2. 청소년부장/중고등부부장의 선출과 임기
공천위원회의 천거를 받아 구역회에서 선출되며, 임기는 1년이다.

3. 청소년/중고등부 지도자를 위한 조언
청소년/중고등부 지도자는 꼭 젊은 사람이어야만 할 수 있는 것이 아니다. 청소년/중고등부 지도자에게 가장 중요한 것은 청소년/중고등부 학생들과 관계를 형성할 줄 알고, 믿음을 심어 주고, 믿음생활의 본을 보여줄 수 있는 사람이면 된다.
- **신뢰**: 지도자는 서로 용납하고, 신뢰할 수 있는 분위기를 조성해야 한다. 말보다는 행동으로 보여 주어야 더 효과적이다. 지도자에게만 문의한 내용을 그들의 부모에게 알리지 말라. 지도자는 학생으로 하여금 그에게 문의한 내용을 부모와도 함께 나누도록 도와주는 사람이다.
- **인간 대 인간관계**: 장년이나 청소년/중고등부 학생은 모두가 하나님의 자녀들이다. 차이가 있다면 한 사람은 나이가 더 많고 다른 사람은 나이가 적을 뿐이다. 각자가 기여할 수 있는 은사가 있다.
- **십대와 장년과의 관계**: 장년은 십대가 아니고, 십대는 장년이 아니다. 각자의 연령에 따라 행동한다. 장년이 십대처럼 행동하려 할 때 더 역효과가 나타난다. (관계를 형성하기 위하여 운동, 스키, 물놀이, 캠프, 선교 등 함께 시간을 보낼 수 있는 것들을 계획한다.)
- **들음**: 모든 학생은 그룹을 세우는 데 공헌할 수 있는 통찰력과 관점과 재능을 가지고 있다. 그러므로 학생들이 이야기하는 것을 잘 들어 주고 또한 응답해 주어야 한다. 우리가 듣는 것은 귀로만 듣는 것이 아니라 눈과, 감정과, 지혜와, 마음으로도 듣는다.
- **응답**: 격려해 주고 인정해 주어야 한다. 이러한 반응은 새로운 아이디어로 연결하여 주고, 새로운 관계를 형성하여 준다.
- **말함**: 나눈다는 것은 자신을 개방하는 것일 뿐만 아니라 상대방에게 자신을 주는 것을 의미한다. 지도자는 학생에 대한 아이디어나 관심이나 느낌을 억제해서는 안 된다. 그러나 나눌 때에는 그룹보다는 개인에게 직접 이야기해야 한다.
- **인정**: 학생들이 하는 것을 인정해 주어야 한다. 학생들의 지도력이나, 특별한 흥미나, 재능을 인정해 주어야 한다.
- **격려**: 학생들이 과거에 해보지 못했던 것들을 그들이 처해 있는 위치에서 해보도록 격려해 준다. 이러한 격려는 이해를 넓히고 기술을 연마하는 데 큰 도움이 될 것이다.

- **권한을 부여함**: 권한을 부여한다는 것은 청소년/중고등부 학생들로 하여금 자신들이 소유하고 있는 가능성을 마음껏 발휘할 수 있도록 도와주는 것이다. 학생들이 주도권을 잡고 일을 진행시키고 장년은 밖에서 도와줄 때 권한을 제일 잘 부여해 주게 된다.
- **개방**: 지도자는 학생이 언제든지 찾아와 어려운 일로나 간단한 이유로 문의할 수 있도록 개방되어 있어야 한다.
- **한계**: 1세 청소년/중고등부 지도자가 중고등부를 인도할 경우, 본인의 한계를 잘 파악해 두는 것도 큰 도움이 된다. 한인교회의 청소년/중고등부 지도자들에게는 문화의 차이로 인하여 생기는 갈등이 많이 있음을 인정해야 한다. 그리고 미국에서 자라난 중고등부 학생들의 문화에 대한 지식이 부족하면, 그것을 본인이 당면한 한계로 생각하고 지도자에게 친근한 한쪽 문화만을 강요할 수 없음을 인정해야 한다. 그 이유는 한쪽이 강하게 나타날 때, 지도자와 학생들 간에 대화가 단절되기 때문이다.
- **삶의 경험을 나눔**: 학생들은 지도자의 삶의 경험의 이야기를 듣는 것을 좋아한다. 특히 하나님과 어떤 관계 속에서 믿음의 여정을 걸어가고 있는지에 대하여 듣기를 좋아한다. 그러나 중고등부 학생들은 추상적인 나눔보다는 삶의 경험을 나누기를 원한다.
- **지도자**: 지도력을 발휘할 수 있도록 훈련시켜 준다.

3. 청소년/중고등부를 위한 신앙훈련

교회의 청소년/중고등부는 보편적으로 11 혹은 12세부터 18세까지를 포함한다. 그러나 어떤 지역에서는 10세부터 중학생으로 포함시키는 지역도 많이 있다. 이것은 지역에 따라 중학교를 시작하는 나이가 다르기 때문이다. 중고등부를 인도하는 사람들은 어떤 전문적인 기술을 터득하기 전에 그들을 이해하고, 사랑하고, 함께 신앙생활을 하여 나날이 성숙 발전해 나가겠다는 마음의 자세가 필요하다.

신앙훈련
- 하나님과 관계를 맺고 생활할 수 있도록 격려하여 준다.
- 예배에 정기적으로 참여하도록 격려한다.
- 하나님, 예수, 성경, 성령, 교회 전통의 기본 신앙의 내용을 가르쳐 준다.
- 성경을 읽게 하고 성경의 의미가 무엇인지 해석하여 준다.
- 기도생활을 하도록 인도한다.
- 청소년/중고등부를 위한 수련회를 마련하여 준다.

- 지방회나 연회가 주관하는 수련회에 참여하도록 한다.
- 찬양대를 조직하여 예배시간에 찬양하도록 한다.
- 주일학교에 참석하도록 권장한다.
- 연합감리교회의 역사와 구조와 교리에 대하여 알려 준다.
- 자기의 신앙 체험담을 서로 나눌 수 있는 기회를 마련해 준다.
- 학생들 간에 신앙을 나눌 수 있는 기회를 마련해 준다.
- 선교에 대하여 배우고 단기선교에 참여하도록 권장한다.
- 영성훈련을 제공해 준다 (침묵, 기도, 금식, 읽기, 쓰기 등).
- 예수 그리스도의 이름으로 헌신 봉사할 수 있도록 도와준다.
- 신앙생활에 본이 되고, 신앙을 나눌 수 있는 사람과 사귀게 한다.
- 불쌍한 사람들을 위하여 일할 수 있는 연민을 길러 준다.
- 지도력을 개발하여 준다.

4. 청소년/중고등부를 위한 신앙훈련의 장들

대중예배: 한인교회는 언어 때문에 청소년/중고등부 학생을 중심으로 예배를 드리는데, 그럼에도 불구하고 대중예배의 특징을 살려 주는 것이 좋다. 대중예배는 각 개인이 신앙 공동체의 삶에 참여하는 출발점일 뿐만 아니라 그들이 성장한 후 대중예배에 참석할 때 서먹서먹한 감정을 갖지 않도록 하기 위함이다. 대중예배는 개체교회의 가장 중심이 되는 사역이다.

주일학교: 주일학교는 청소년/중고등부 학생들에게 신앙을 교육시켜 예수 그리스도의 제자들을 길러낼 수 있는 가장 좋은 시간이다.

청소년회 (UMYF): 청소년들은 청소년회를 통하여 서로 관계를 형성하고, 질문하고, 하나님을 예배하고, 삶이 변화되어 가는 과정에서 교회가 되는 의미를 터득하게 된다. 그리고 그들이 함께 시간을 보내는 동안에 신앙인으로서 사는 방법을 배우고, 선교하는 것을 배우고, 기독교의 가치관을 배우게 된다.

소그룹반: 청소년/중고등부 학생들은 아마도 주일학교와 성경공부반을 위하여 시간을 제일 많이 할애할 것이다. 특별히 소그룹을 통하여 신앙을 개발하고 있을 것이다. 소그룹 세팅을 통하여 미래 지도자를 길러내는 사역도 도움이 많이 될 것이다.

단기선교 사역: 청소년/중고등부 학생들은 단기선교 사역팀을 통하여 선교에 참여하는 것이 쉬울 것이다. 그리고 개체교회는 중고등부 학생들과 함께 사랑의 집짓기와 같은 프로젝트에 참여하는 것이 좋다. 단기선교 사역은 중고등부 학생들로 하여금 하나님을 위한 사역에 참여하게 하고 남을 돕는 생활방식을 개발하도록 한다.

5. 청소년/중고등부를 위한 지도력 개발

청소년/중고등부를 위한 사역은 우연히 생기는 것이 아니다. 지도자가 자신의 영성을 잘 개발해 가면서 학생들을 인도할 때에 생기는 것이다. 청소년/중고등부 사역을 위한 지도력은 신속하게 개발되는 것도 아니고, 완전하게 개발되는 것도 아니다. 늘 새롭게 배워야 할 것이 있다. 지도자가 청소년/중고등부 학생들에 대하여 좀 안다고 생각할 때에 그들의 문화가 또 바뀌기 때문에 그들에 대하여 새롭게 배워야 한다.

청소년/중고등부 지도자가 될 사람들은 그들의 영적 지도력을 개발하기 위하여 다음과 같은 것들에 대하여 알아두는 것이 효과적이다.
- 청소년/중고등부사역을 위한 신학과 철학과 문화 이해
- 자료를 선정하여 평가할 수 있는 기술
- 예산 편성, 수양회, 선교여행 등을 기획하는 기술
- 개인관계, 조직, 영적 지도를 위한 기술
- 남의 말을 귀담아 들을 줄 알고, 적절하게 대답할 줄 알고, 말을 해야 할 때 말할 줄 알고, 학생들을 인정하면서 도와줄 수 있는 기술
- 청소년/중고등부 학생들로부터 신임을 받으며 그들이 마음 편하게 접근할 수 있도록 도와줄 수 있는 대인관계 향상을 위한 기술

※자료와 정보※

* Office of Youth Ministry
General Board of Discipleship
☎ 615-340-7200
www.gbod.org/youth

* *The United Methodist Youth Handbook* by Michael Selleck (Nashville: Discipleship Resources, 1999). A guide for youth ministry leaders, youth and adult, as they build and enhance the ministries of United Methodist congregation.
☎ 615-340-7200; 1-800-685-4370.

* 연합감리교출판부에서는 청소년/중고등부 학생들을 위한 많은 자료들을 출판한다. 담임목사로부터 청소년/중고등부를 위한 카타로그를 요청하여 읽든지 아니면 ☎ 1-866-629-3101로 문의하면 된다.
www.cokesbury.com

* *Almost Christian: What the Faith of Our Teenagers Is Telling the American Church* by Kenda Creasy Dean (New York:

Oxford University Press, 2010), ISBN: 9780195314847. www.cokesbury.com

* *Sustainable Youth Ministry: Why Most Youth Ministry Doesn't Last and What Your Church Can Do About It* by Mark DeVries (Downers Grove: InterVarsity Press, 2008), ISBN: 9780830833610. www.cokesbury.com

Foundations: Shaping the Ministry of Christian Education in Your Congregation (Nashville: Discipleship Resources, 2003). ☏ 800-814-7833 or www.discipleshipresources.org

* *Creating an Authentic Youth Ministry* by Edward Fashbaugh II (Nashville: Discipleship Resources, 2005), ISBN: 9780310267775. www.discipleshipresources.org

* *Devo´Zine* (Nashville: The Upper Room). P. O. Box 340004, Nashville, TN 37203-0004; http://www.upperroom.org

* *The Ministry of Christian Education and Formation: A Practical Guide for Your congregation* (Nashville: Discipleship Resources, 2003). www.discipleshipresources.org

* www.umc4youngpeople.org is a "gateway" Website offering links to denominational Websites related to youth ministry.

* 한어권 지도자가 청소년/중고등부 지도자로 사역을 할 경우 성경의 기본 내용과 영성개발을 원하면 말씀과 생활: 강해 성경공부가 도움이 될 것이다. 말씀과 생활: 강해 성경공부 원달준 지음 (Nashville: Cokesbury Press, 2012-2016). 모두 30권으로 되어 있으며, 창세기부터 요한계시록까지 성경 66권 전체를 각 권마다 개별로 공부할 수 있다. 말씀과 생활은 성경 말씀 속으로 좀 더 깊이 들어갈 수 있도록 안내하여 주고, 말씀 속에 들어가서 하나님의 음성을 듣고, 하나님을 만나고, 하나님의 뜻을 헤아려 알고, 깨달은 말씀을 조용하게 묵상해 보고 우리의 생활 속에서 적용할 수 있도록 안내해 준다. ☏ 1-866-629-3101 or www.cokesbury.com

장년부
(Adult Ministries)

1. 장년부장의 책임
(1) 장년들이 배우고, 나누고, 봉사할 수 있는 활동을 계획한다.
(2) 장년들의 필요를 충족시켜 주기 위하여 담임목사와 상의하여 다양한 프로그램을 계획한다.
(3) 장년이 신앙 안에서 성장하면서 봉사할 수 있도록 교회 안팎에 있는 다른 조직체와 연락 책임자가 된다.
(4) 각자가 처해 있는 일터에서 기독교인의 소명을 의식하면서 생활하도록 권장한다.
(5) 개체교회 내에 장년부가 조직되어 있으면 회의를 인도하고 연중행사를 기획하고 예산을 확보한다.
(6) 장년을 위한 자료와 프로그램에 익숙해지려고 한다.
(7) 봉사하는 지도자가 된다.
(8) 교회임원회에 장년사업을 위한 계획을 제출한다.
(9) 장년들을 위해 제공되고 있는 모든 프로그램을 평가한다.
(10) 교회임원회와 구역회에 참여한다.
(11) 장년 프로그램을 위한 대변인 역할을 한다.
(12) 장년부 활동을 교인 전체에 홍보한다.

2. 장년부장의 선출과 임기
공천위원회의 천거를 받아 구역회에서 선출되며, 임기는 1년이다.

3. 어떻게 프로그램을 시작하면 되는가?
(1) 담임목사의 도움을 청한다.
(2) 장년부 사역팀을 조직한다.
(3) 기존의 장년 프로그램을 알아본다.
(4) 장년들의 필요와 흥미와 관심사를 조사하여 본다.
(5) 장년사역을 위한 목적을 설정한다.
(6) 장년을 위한 사역을 기획한다. 기존 프로그램은 장점을 살려 더 활발한 프로그램이 되게 한다. 새 반이 필요하면 조직한다.
(7) 특정한 사역을 기획한 후 홍보해서 사람들을 모은다.

(8) 새 반을 인도할 수 있는 지도자를 찾는다.
(9) 관심이 있는 사람들에게 초청하는 편지를 보낸다.
(10) 새 반에 올 가능성이 있는 사람들을 개인적으로 접촉한다.
(11) 공부할 용의가 있는 사람들이 6-8명이 되면 날짜를 정한다.
(12) 프로그램 후에는 평가를 한다.
(13) 지방회, 연회, 총회 제자훈련부 담당 부서와 상의한다.

4. 장년들을 위한 프로그램

인간은 평생 동안 성장하는데, 누구나 청장년, 중년, 노년의 단계를 거치게 되어 있다. 그뿐만 아니라 장년들은 그들이 처해 있는 상황과 단계도 다양하다 (예로, 노화 현상으로 인한 신체적인 변화, 자녀들이 성장하여 떠난 후 부부만 남는 빈 둥지 상황, 은퇴, 직장을 잃는 상황, 이혼, 자녀와 손주와 배우자를 잃은 상황, 노부모를 돌보아야 하는 상황, 손주들을 직접 양육해야 하는 상황 등).

장년부장의 역할은 이 모든 장년들의 성장 단계와 다양한 상황을 통하여 신앙적으로 성장할 수 있도록 도와주는 일이다. 예배에 참석하고, 배우고, 남을 섬기는 사람들의 신앙은 세월이 지나면서 점점 성숙되어 간다.

(1) **청장년**

청장년은 계속 변화되어 가는 삶 속에서 선택하고, 결정하고, 압박감을 느끼며 개인의 정체성과 개성을 중요시하는 것이 특징이다. 이 연령층의 청장년 단계는 청소년에서 청장년이 되는 시기이다. 이 시기의 주된 관심사는 교육, 직업선택, 배우자 선택, 결혼, 가정을 형성한 후 아이를 가질 것인가 가지지 않을 것인가에 관심이 많다. 이들이 받은 도전은 장년으로서의 정체성과 장년으로서 책임을 지는 생활이다. 이들은 경제적으로나 정서적으로 독립심이 강하다. 한 가지 특징은 대부분의 청장년은 신앙생활에 적극적으로 참여하지 아니하는 것이다.

(2) **중년**

이 시기에는 대부분 교육을 마친 후 안정된 직업을 가지고 있고, 가정을 이루고, 자식들을 책임지고 (청소년부터 청장년까지) 있고, 독신들도 많고, 결혼 후 이혼을 한 사람들도 많고, 할아버지/할머니가 된 사람들도 많이 있다. 이 단계의 특징은 부모 중에 한 분 혹은 두 분 다 죽었거나 노부모를 보살펴야 하는 사람들이 많다.

이 단계의 사람들은 얼마나 많은 세월을 살아 왔는가에 대하여 생각하기보다는 앞으로 몇 년을 더 살게 될 것인가에 대하여 생각하기 시작한다. 그래서 삶의 의미에 대하여 많이 생각해 보게 된다.

(3) **노년**
　노년기에는 창조적으로 성장하는 사람도 있고, 절망 가운데 생활하는 사람도 있다. 노년기는 생리적인 요소보다는 그들이 가지고 있는 삶에 대한 태도, 역할, 혹은 생활방식이 이 시기를 묘사해 준다. 노년기의 사람들은 얼마나 더 많은 재물을 축적할 수 있는가에 대하여 생각하기보다는 삶의 여정과 삶의 가치와 하나님을 사랑하고 이웃을 사랑하는 데에 관심이 더 많다.
　이 시기도 활발하게 활동할 수 있는 시기와 활동을 할 수 없는 시기로 나뉜다. 즉, 노년 초반기와 노년 후반기가 있다. 노년 초반기에는 수입의 변화, 은퇴, 건강의 변화, 배우자 사망 등의 변화를 경험하게 된다. 노년 후반기에는 거동하기가 힘들어 도움이 필요한 시기이고, 존재의 가치를 다시 생각해 보는 시기이다. 그리고 하나님과의 관계를 더 심각하게 생각해 보게 된다.
　인간은 어느 나이 그룹에 속해 있든지 간에 혼자 살 수 없다. 다른 사람과 유기적인 관계를 가지고 살게 되어 있다. 이 유기적인 관계가 끊어질 때에 인간은 고통을 체험하게 된다. 어떠한 형태로든지 고통을 받고 있을 때 교회는 그들을 도와주고, 보살펴 주고, 치유의 기회를 제공하여 주어야 한다.

프로그램 개발
• 기독교교육을 위한 프로그램
　장년을 위해서는 성경공부반을 우선순위에 두는 것이 효과적이다. 성경공부반에는 여러 종류의 반이 있을 수 있다. 주일학교 장년 성경공부반, 주중 성경공부반, 단기 성경공부반, 장기 성경공부반, 주제별 공부반, 사회참여를 위한 공부반, 지도자 개발 등등. 배움은 신앙 성숙에 막대한 영향을 미친다.
• 제자훈련을 위한 프로그램
　새신자반, 일대일 성경공부, 제자화를 위한 성경연구 I, II, III, IV, 말씀과 생활: 창세기부터 요한계시록까지 강해 성경공부 등등.
• 영성훈련을 위한 프로그램
　장년이라고 하여 다 영성훈련을 받은 사람들이 아니다. 교회에 실망하여 교회를 떠났다가 다시 돌아온 사람도 있고, 교회를 다녔다고 하더라도 믿음에 대하여 알지 못하는 사람들이 많이 있다. 그러므로 장년부 지도자는 장년들의 믿음의 정도에 대하여 생각해 두어야 한다. 개체교회에서 믿음을 체험할 수 있는 프로그램들을 생각해 두는 것이 좋다. 예로, 엠마오로 가는 길, 트레스 디아스, 수양회, 산 기도회 등등.

• 친교를 위한 프로그램

　장년들은 다른 사람들을 보살펴 주기를 원하고 또 보살핌을 받기 원한다. 주일학교나 소그룹은 친교할 수 있는 좋은 환경이다. 그러나 교회의 친교는 세상에서 흔히 말하는 친교가 아니라 믿음이 밑바침해 주는 친교이다.

• 책임지고 지원하여 주는 프로그램

　이 프로그램에 참여하는 사람들은 다양한 이슈를 삶의 경험과 신앙 체험을 통하여 나누게 된다. (예로, 인간관계에 관한 이슈, 건강에 관한 이슈, 직장의 변화, AAA, 마약으로부터의 회복 등등)

• 치유와 화해를 위한 프로그램

　장년들은 이혼이라든가 대인 관계에서 상처를 경험한 사람들이 많이 있다. 그래서 치유와 화해가 필요한 사람들이다. 치유와 화해는 장년들이 서로 나누고, 격려하고, 서로가 서로를 밀어줄 때 효과적으로 나타난다. 생활 속에서 전혀 예상하지 못했던 일들이 생겼을 때 서로가 서로를 돌보는 가운데 치유와 화해가 생길 수 있다.

• 지도자훈련을 위한 프로그램

　지도자 위치에서 신앙생활을 하는 사람들에게 훈련이 필요하다.

• 선교와 봉사를 위한 프로그램

　교인들로 하여금 세상 속에서 예수 그리스도의 제자임을 의식하면서 살 수 있도록 돕는 프로그램이다. (예로, 가난한 사람들을 위한 집짓기, 단기 선교로 농어촌에 가서 집수리 해주기, 병원과 양로원 방문, 청소년들을 돕기 위한 자원봉사 등등의 프로그램)

6. 장년들을 위한 프로그램 평가

• 이 프로그램은 장년들의 필요사항을 충족시켜 주고 효과적으로 진행되고 있는가?

• 이 프로그램을 다른 사람에게 권면해 줄 용의가 있는가?

• 프로그램이 선교에 초점을 두고 있는가?

• 프로그램이 신앙 안에서 자라날 수 있도록 도와주고 있는가?

• 신앙 안에서 제자로 성숙되어 가는 데 필요한 정보는 무엇인가?

• 신앙인으로 살아가는 데 필요한 신앙 형성과정은 무엇인가?

• 장년들로 하여금 전도와 선교를 하게 하고, 하나님을 체험하면서 제자로서 세상에서 살 수 있도록 도와주는 것은 무엇인가?

• 예배와 교육 프로그램에 참여한 장년들의 변화된 모습은 겉으로 어떻게 나타나는가?

※자료와 정보※

＊말씀과 생활: 강해 성경공부, 원달준 지음 (Nashville: Cokesbury Press, 2012-2016). 모두 30권으로 되어 있으며, 창세기부터 요한계시록까지 성경 66권 전체를 각 권마다 개별로 공부할 수 있다. 이 성경공부는 성경 말씀 속으로 좀 더 깊이 들어갈 수 있도록 안내하여 주고, 말씀 속에 들어가서 하나님의 음성을 듣고, 하나님을 만나고, 하나님의 뜻을 헤아려 알고, 깨달은 말씀을 조용하게 묵상해 보고 우리의 생활 속에서 적용할 수 있도록 안내해 준다.
주문: ☎ 1-866-629-3101 or www.cokesbury.com

＊제자화를 위한 성경연구 I, II, III, IV. 한 권을 공부하는 데 32주-34주 동안 공부할 수 있는 성경공부 교재이다.
주문: ☎ 1-866-629-3101 or www.cokesbury.com

＊Office of Adult Ministries
General Board of Discipleship
P. O. Box 340003, Nashville, TN 37203-0003.
www.gbod.org/adult

＊Center on Aging & Older Adult Ministries
☎ 1-877-899-2780 ext. 7173; Fax: 615-340-7071
Email: rgentzler@gbod.org

＊Office of Adult and Young Adult Ministries
Bill Crenshaw, bcrenshaw@gbod.org
☎ 1-877-899-2780 ext. 7005

＊Office of Family and Marriage ☎ 1-877-899-2780 ext. 7170

＊*Aging Ministry in the 21st Century: An Inquiry Approch*, by Richard H. Gentzler, Jr. (Nashville, Discipleship Resources, 2008. ISBN 9780881775402)

＊어른과 청소년을 위한 효과적인 성경 교수법
주문: ☎ 1-866-629-3101 or www.cokesbury.com

＊www.umcdiscipleship.org, Teaching and teacher helps

＊www.umcdiscipleship.org/resources/development-through-the-life-span

＊www.umvitalcongregations.com

가정부
(Family Ministries)

"상호 간의 사랑과 책임성과 존경심과 충실함이 풍요한 가운데서 개인이 성숙되며 보호되는 가정이 인간 사회의 기본 단위라고 우리는 믿는다. 모든 자녀들에게 부모의 사랑이 중요함을 우리는 믿는다. 우리는 또한 부모와 자식(핵 가정)으로 이루어지는 두 세대의 차원을 넘어서, 오늘날 가정의 모습은 다양한 것임을 알고 있다. 우리는 자녀 양육에 있어 두 부모가 공동으로 책임을 지고 있다고 믿으며, 가정에서 모든 개인이 온전한 인간이 되도록, 가족 관계를 유지, 강화시키는 사회적, 경제적, 종교적인 노력을 다할 것을 권장한다." (장정 ¶161.A 사회원칙, 양육하는 공동체 중에서)

1. 가정부와 가정부장의 책임
(1) 교회에 속한 각 가정을 위하여 기도한다.
(2) 각 가정에 대한 정보를 수집한다. 우리 교회에 속해 있는 가정들은 누구인가?
(3) 우리 교회는 가정들을 위하여 무슨 프로그램을 제공하고 있는지 알아본다. 우리 교회는 복음을 선포하고, 하나님과 이웃을 사랑하는 교회의 본을 보이고 있는가? 세상을 변화시키기 위하여 그리스도의 제자들을 길러내고 있는가? 그리스도를 모시는 신앙의 공동체인가?
(4) 우리 교회는 어린 자녀를 가진 부모들을 위하여 프로그램을 제공하고 있는지 알아본다.
(4) 가정이 원하는 것을 선교 방향으로 설정하고 프로그램을 계획한다.
(5) 교회 지도자들과 장년들이 필요로 하는 것에 대하여 상의한다.
(6) 교회임원회에서 가정과 관계된 문제들을 대변한다.
(7) 교회와 각 가정에서 가족 단위로 할 수 있는 활동, 기독교인의 가정생활, 청년들의 결혼에 대비한 준비, 지역사회와 세계의 가정을 위한 봉사 등을 지원하고 계획한다.
(8) 가정 사역에 뜻이 있는 사람들을 모아 가정부를 조직한다.
(9) 회중과 교회가 처해 있는 지역사회에 있는 가정을 돕기 위한 프로그램을 계획한다.

(10) 계획한 것을 실천에 옮긴다.
(11) 계획했던 프로그램들을 평가해 본다.
(12) 가정예배에 도움이 되는 자료들을 보급한다

2. 가정부장의 선출과 임기
공천위원회의 천거를 받아 구역회에서 선출되며, 임기는 1년이다.

3. 가정의 역할
가정은 우리사회의 기본 단위이다. 행복한 가정이 없이 개인의 행복이란 있을 수 없다. 건전한 가정이 없이는 건전한 사회도 있을 수 없다. 개체교회의 가정부는 이 귀한 가정을 믿음 안에서 행복하고 건전하게 만드는 데 이바지하는 부서이다. 가족 한 사람 한 사람이 하나님의 계시와 인도하심에 따라 인생길을 가도록 도와주어야 부서이다. 예수께서 가장이 되시는 기독교 가정이 되어 자신들만 은혜가 넘치는 행복한 생활을 하는 것이 아니라, 사회가 하나님의 뜻이 실현되는 하나님의 나라가 되도록 건전한 가정운동이 일어나야 한다. 가정은:
• 가족들의 육체적, 정서적, 영적 욕구를 충족시켜 주는 역할을 한다.
• 사랑하고, 사랑을 받는 역할을 한다.
• 서로가 서로를 보살피는 역할을 한다.
• 인간의 행복, 안정, 자존심, 꿈과 희망에 관심을 가지게 하는 역할을 한다.
• 서로 존중하고, 밀어 주고, 충성하도록 도와주는 역할을 한다.
• 소속감을 제공하여 주고 연대관계에서 살도록 도와주는 역할을 한다.
• 공동체 의식을 심어 주는 역할을 한다.
• 책임감을 배우며 실패감을 극복하는 힘을 얻게 하는 역할을 한다.
• 하나님의 사랑 안에서 예수 그리스도를 모시고 그에게 충성을 다할 것을 약속한다.

4. 가정을 위한 프로그램을 계획할 때 생각해 두어야 할 사항들
• 세례를 통해 예수님의 제자가 되어 봉사할 수 있도록 준비시킨다.
• 가정예배, 성경공부, 식사기도를 통해 신앙을 훈련한다.
• 가정, 교회, 공동체가 연결될 수 있도록 한다.

- 영적, 정서적, 육적, 사회적인 면에 영향을 줄 수 있도록 시도한다.
- 교회 밖에 있는 가정을 접촉할 수 있는 기회를 마련하여 준다.
- 예수님이 가장이시고 가족은 지체로서 서로 존중하도록 도와준다.
- 사랑과 용서 가운데 가정이 안식처가 될 수 있도록 도와준다.

5. 가정사역의 모델
(1) 부모 반을 위한 제안
- 하나님에게 초점을 맞춤: 하나님과 관계를 맺는다.
- 아이들의 이야기를 들음: 아이들과 관계를 맺는다.
- 사랑: 아이들을 사랑하고, 용납하고, 존경한다.
- 기도: 아이들을 위하여 매일 기도한다.
- 양육: 아이들이 하나님과 관계를 맺도록 도와준다.
- 관계: 가정에서 사랑하는 관계를 유지한다.
- 훈련: 사랑하기 때문에 훈련시켜 준다.
- 모범: 그리스도인으로서 말과 행실을 일치한다.
- 학대하는 것을 피함: 말이나 육체적인 학대를 피한다.

(2) 기독교 가정을 형성할 수 있도록 돕는 세미나
- 사랑: 무조건 사랑하고 용납한다.
- 용서: 용서와 화해의 본을 보인다.
- 훈련: 한계를 정하고 존경한다.
- 가르치고 배움: 예수님의 가르침을 함께 배운다.
- 위로: 위로를 필요로 할 때 서로 위로한다.
- 대화의 문: 사랑하는 관계를 맺는다.
- 영적으로 지도함: 매일 하나님의 임재를 체험하도록 도와준다.

6. 가정을 위한 프로그램을 평가하는 방법
- 프로그램의 목적은 무엇이었나?
- 우리가 기대하였던 결과는 무엇이었나?
- 프로그램 제목과 실시한 날짜
- 프로그램에서 제일 좋았던 것?
- 우리가 개선해야 할 것?
- 우리가 어떻게 이 프로그램을 홍보했는가?
- 우리가 이 프로그램에 참여한 이유는 무엇이었나?
- 똑같은 프로그램을 제공하면 다음에도 이 프로그램에 참여할 것인가?

7. 가정부 사역을 위한 설문조사 견본

가정부는 가정을 위한 프로그램을 준비하기 위하여 각 가정이 필요로 하고 흥미 있어 하는 것을 알기 원한다. 다음의 해당되는 사항에 x표를 하여 교회 사무실로 보내 주기를 바란다.

1. 가족사항
____독신, 독신으로 살고 있음
____독신으로 아이들과 함께 살고 있음
____부부, 아이들이 없이 살고 있음
____부부, 아이들과 함께 살고 있음
____부부, 청장년 자녀와 함께 살고 있음
____재혼부부, 아이들과 함께 살고 있음
____조부모, 손주들을 양육하며 살고 있음
____기타 (명시하라)

2. 흥미와 관심
교회에서 다음과 같은 워크숍이나 세미나 프로그램을 제공하면 어느 것에 참여하겠는가?

신앙을 나누기
____결혼생활을 통한 신앙 성장
____가정예배
____취학 전 아이들과 신앙 나누기
____초등학교 아이들과 신앙 나누기
____청소년과 신앙 나누기
____청장년과 신앙 나누기
____수양 자녀와 대화하는 방법
____노부모 돌봄
____자녀 양육 방법
____재혼부부의 이슈와 방법

결혼
____결혼생활 1년을 어떻게 하면 잘 할 수 있을까?
____첫 아이가 태어나면 어떻게 결혼생활을 해야 할까?
____약혼자—관계를 풍부하게 하는 훈련
____결혼생활을 풍부하게 하는 훈련
____재혼
____결혼했지만 떨어져 지내는 경우 (군, 학교, 감옥 등)

이슈
____초등학생, 청소년, 청장년을 위한 이혼 회복 과정
____가족이 죽은 후 슬픔을 회복하는 과정
____성교육, 어린 아이들과 이야기하는 방법
____성교육, 청장년들을 위한 이슈
____차별대우를 없애는 워크숍
____12단계 프로그램
____마약과 알코올 남용
____AIDS 인식
____슬픔을 극복
____노인 환자나 장애인을 돌보는 간호

자녀교육
____성경은 사랑과 결혼과 가정에 대하여 무엇이라 말하는가?
____가족 지지
____평화와 정의를 위한 교육
____공휴일과 교회 절기를 가족과 함께 보내는 방법
____부모와 어린 자녀와 청소년과 청장년과 대화하는 방법
____장애인을 교육하는 방법

3. 필요 충족
____주일학교를 제외한 부부를 위한 소그룹
____주일학교를 제외한 독신을 위한 소그룹
____단기 수요 공부반
____단기 주중 공부반
____결혼을 풍부하게 해주는 수양회
____약혼자들을 위한 수양회
____가족 수양회
____주제를 중심으로 한 주일학교

4. 당신이 받은 은사와 흥미 있는 분야는 무엇인가?

5. 위에서 가정에 대하여 언급되지 않은 분야에 관심이 있는 것들

※자료와 정보※

* *Chrisitan Home Month Manual*, Office of Children and Intergenerational Ministries, Discipleship Ministries (1-877-899-2780, ext 7014; 615-340-7068). Free yearly manual for celebrating Christian Home Month in May or another month.

* *Family: The Forming Center, Revised Edition* by Marjory Thompson (Nashville: Upper Room Books, 1997), ISBN: 9780835807982. ☏ 1-800-491-0912; 615-340-7068.

* www.umc-intergenerational-ministry.com/daily-living/living-with-the-holy, *Living with Holy* by the Rev. Dr. Tanya Marie Eustace. Free mannual for families that includes liturgies and activities for connecting with God every day.

* *Passing It On: Nurture Your Children's Faith Season by Season* by Kara Lassen Oliver (Nashville: Upper Room Books. 2015), ISBN: 9780835814973. ☏ 1-800-491-0912

* *Children Worship!* by MaryJane Pierce Norton (Nashville: Discipleship Resources). General Board of Discipleship, P. O. Box 340003, Nashville, TN 37203-0003.
☏ 615-340-7170 or www.discipleshipresources.org

* www.gbod.org/family

* www.umc-gbcs.org, Societal issues and families

* www.nnccusa.org, Suggestions and bibliographies for family ministries

* www.vitalcongregations.com, Helps for measuring, planning, evaluating, and complying with the conference assessments on vitality in your church.

* www.umcvitalcongregations.org, Vital Ministry assessment tools.

* www.umc-intergenerational-ministry.com, Resources, tools, and tips for intergenerational and family faith

소그룹사역
(Small Group Ministries)

"개체교회 사역은 세상을 구원하시는 하나님의 사랑에 접하면서 또한 세상에서 역사하시는 하나님께 응답하면서 이루어진다. 이 사역을 성취하기 위하여 교인들은 여러 가지 작은 그룹에서 활동하게 된다." (장정 P256)

연합감리교회는 "세상을 변화시키기 위한 예수 그리스도의 제자"를 길러내는 것을 교회의 사명으로 정의하고 있는데, 그 사명을 이행해 나가는 일환으로 교회개척, 기존 교회의 부흥과 성장, 소수민족사역 확대, 지도력 개발, 웨슬리안 모델의 제자화사역, 어린이와 젊은이를 향한 전도사역, 그리고 지역공동체의 빈곤추방사역을 비전으로 설정했다.

한인목회강화협의회는 소그룹사역을 비전으로 설정하여 연합감리교회 한인총회와 힘을 합해 개체교회 목회 현장에서 목회자와 평신도가 성서적 원리에 입각하여 웨슬리 전통과 한국적 영성이 갖추어져 있는 소그룹 리더를 세우고, 훈련시켜 주며, 주님을 믿는 모든 성도가 그들이 속한 지역사회에서 그들에게 주어진 은사를 사용하여 전도하고, 섬기는 제자로 사역에 참여할 수 있도록 도와주는 것을 하나의 사역 분야로 생각하고 있다.

이 소그룹은 교단이 설정해 놓은 비전인 새로운 교회개척, 기존 교회의 부흥과 성장, 소수민족사역 확대, 지도력 개발, 웨슬리안 모델의 제자화사역을 직접 수행해 나가는 데 걸맞은 도구가 될 것이다. 그리고 어린이와 젊은이를 위한 사역과 빈곤퇴치사역을 위한 소그룹이 형성될 것임을 확신하게 될 때, 소그룹사역이야말로 한인교회가 연합감리교회에 공헌할 수 있는 좋은 기회가 될 것이다. 특별히 소그룹사역은 앞으로 교회를 개척하는 이들에게 많은 도움이 될 것이다. 예수께서 "두세 사람이 내 이름으로 모인 곳에는 나도 그들 중에 있느니라"(마태복음 18:20)고 말씀하신 대로 기도, 공부, 친교, 봉사활동을 위하여 사람들이 모일 때 그들은 예수 그리스도 때문에 모인 소수의 사람들이기에 서로 사랑하게 되고 신뢰하게 될 것이다.

다음의 내용은 한인목회강화협의회 자료개발 소위원회가 몇 년 동안에 걸쳐 준비한 웨슬리 전통과 한국적 영성 부분이 갖추어져 있는 소그룹 리더들을 위하여 준비한 내용을 요약하여 정리한 것이다. 소그룹사역을 계획하는 교회에 도움이 될까 하여 소개한다.

1. 소그룹사역이란 무엇인가?

소그룹사역은 소그룹을 인도할 평신도 사역자를 세우기 위해 훈련시켜 주는 사역이다. 훈련받은 소그룹 리더는 예수 그리스도를 중심으로 하여 정규적으로 모이는 7-12명의 소그룹 구성원들 간에 좋은 관계를 맺을 수 있도록 도와주고, 그 날의 성경말씀이나 이슈를 소그룹 구성원들의 삶에 비춰봄으로써 자신이 하나님 앞에 진심으로 결단하도록 도와주고, 소그룹 모임에서 깨닫고 체험한 진리가 섬김으로 연결될 수 있도록 도와주고, 또 다른 평신도 소그룹 리더를 세워 주는 사역이다.

2. 왜 소그룹사역이 필요한가?

소그룹에 참여하는 사람들은 예수 그리스도를 중심으로 하여 모이는 사람들이기에 성령님의 도우심으로 하나님을 만나는 체험을 하게 되고, 삶의 변화를 체험하는 기쁨을 맛보게 되며, 소그룹이 제공하는 영성훈련을 통하여 영적으로 성장하게 된다.

소그룹에서는 성경의 이야기가 자신의 삶의 이야기와 연결되도록 훈련시켜 주며, 세상에서 그리스도를 증거하면서 헌신적인 삶을 살 수 있도록 무장시켜 준다.

(1) 소그룹은 하나님의 구원과 회복이 나타나는 건강한 신앙 공동체를 세워 주기에 필요하다.
- 하나님과의 깨어진 관계가 회복된다.
- 다른 사람들과의 깨어진 관계가 회복된다.
- 나 자신과의 깨어진 관계가 회복된다.
- 마음을 터놓고 대화할 수 있는 친구를 사귈 수 있다.
- 인격적 사귐을 할 수 있으며 인격도 성장시킬 수 있다.
- 다른 사람을 통해 자신의 모습을 발견하며 상처가 치유된다.
- 개인주의적 성향이 개선되고 공동체 의식이 생겨난다.
- 다른 사람들과 함께 사는 방법을 훈련받게 된다.
- 소속감을 제공하여 준다.
- 남을 위하여 기도하게 된다.

(2) 소그룹은 삶의 근거지가 중심으로 되어 있기에 필요하다.
- 진정한 변화는 삶을 다룰 때 일어난다.
- 소그룹 안에서 삶이 다루어질 때 회복과 치유의 역사가 일어난다.

(3) 소그룹에서는 말씀을 삶에 적용하는 훈련을 받기에 필요하다. 초기 감리교인들은 선행, 정의, 예배, 경건을 실천하는 특별한 훈련들을 받았다.

(4) 소그룹은 리더가 될 자질이 있는 사람들이 훈련을 통하여 유능한 리더가 되는 훈련장이기에 필요하다.
- 하나님은 다른 사람과 복된 일을 나누려고 하는 비전 있는 리더들을 통해 수많은 그룹을 부르신다.
- 책임을 다하는 예수님의 신실한 제자를 길러내는 훈련장이다.
- 하나님을 체험한 유능한 리더들을 길러낸다.

(5) 소그룹은 전도가 시작되는 곳이기에 필요하다.
소그룹은 교회 밖에 있는 사람들을 효과적으로 접촉할 수 있는 좋은 전도의 통로이다. 그러므로 소그룹은 전도 대상자를 정해야 한다.
- 함께 기도해야 한다.
- 초청해야 한다.
- 분가해야 한다.

(6) 소그룹에서는 기독교인의 가치관을 배우기에 필요하다.
(7) 소그룹은 평신도가 사역할 수 있기에 필요하다.
(8) 소그룹에서는 서로가 서로의 은사를 개발할 수 있기에 필요하다.
(9) 소그룹에서는 교회의 본질과 사명을 알게 되기에 필요하다.
(10) 소그룹은 시간과 장소의 제한을 받지 않기에 필요하다.
(11) 소그룹은 작은 교회 역할을 하여 주기에 필요하다.
(12) 소그룹은 하나님을 만나는 체험과 삶의 변화가 일어나는 만남의 장을 제공하여 주기에 필요하다.

3. 소그룹사역의 내용은 무엇인가?

개체교회에는 교회의 크기나 지역사회의 특성에 따라 다양한 소그룹들이 있고, 또한 소그룹의 성격에 따라 다양한 내용들도 있겠지만, 여기서는 소그룹을 리드하는 사람을 중심으로 하여 말씀과의 만남 (성경공부), 삶의 나눔, 예배와 섬김, 영성과 기도, 교회와 전도(또 하나의 소그룹을 만들어 내는 의미에서)를 소개하려 한다.

(1) 말씀과의 만남 (성경공부)

소그룹에서 성경을 공부하는 목적은 성경을 통하여 하나님을 알게 도와주고, 하나님을 만나는 구원의 체험을 하도록 도와주고, 삶의 변화를 체험하도록 도와주는 데 있다. 그리고 소그룹에 참여하는 사람들이 하나님의 말씀으로 양육되어 하나님을 사랑하고 이웃을 사랑할 수 있도록 도와주는 데 그 목적이 있다.

소그룹에 참여하는 사람들은 성경공부를 통하여 성경을 읽는 기본자세와 성경에 대한 기본안내를 받게 될 뿐만 아니라, 성경의 이야기들이 자신들의 이야기와 연결되어 성경적인 가치관과 성경적인 시각과 성경적인 꿈을 가지도록 도움을 받게 된다. 뿐만 아니라 나누는 삶과 섬기는 삶을 실천하기 위해서 하나님이 주신 목적에 관계없는 것들을 과감하게 버리는 결단을 내릴 수 있도록 도와주고, 하나님이 주신 목적을 실천하기 위해서 성실한 계획을 세우고, 소그룹사역에 참여할 수 있는 사람들을 찾도록 도와준다.

소그룹에서 성경공부를 인도하는 리더는 성경을 공부할 때에 서로 정죄하거나 비판하지 않고 마음껏 서로 나눌 수 있는 분위기로 인도해야 한다. 말씀을 구체적으로 자신의 삶에 적용하고, 삶의 나눔을 통하여 실제적인 변화가 일어나도록 지도해야 한다.

그뿐만이 아니다. 성경공부에서는 웨슬리 전통과 한국적 영성이 합하여 힘으로 나타나는 것을 나누게 된다. 우리보다 항상 먼저 와서 계시는 하나님의 선재은총, 우리를 만나주시어 구원을 체험하게 하시는 의인은총, 우리로 하여금 은혜 안에서 성장할 수 있도록 도와주시는 성화은총에 기초한 개인의 경건과 사회변혁의 웨슬리 전통과 정(情, 우주의 이치가 올바르게 구현되었을 때 사람들과의 관계에서 생긴 결과), 한(恨, 우주의 이치가 왜곡되어 나타났을 때 사람들과의 관계에서 생긴 결과), 성(誠, 자신의 말에 책임지는 성품), 경(敬, 다른 사람을 존중하는 성품)의 한국적 전통을 살릴 수 있는 내용을 함께 나누게 된다.

결국은 소그룹에 참여하는 사람들로 하여금 말씀에 근거해서 개인의 가치관(삶의 우선순위)과 사물을 보는 시각과 꿈을 바꾸게 도와주고, 하나님의 계획과 인생의 목적과 동역자를 찾게 도와주고, 인생의 목적과 관계없는 것들을 과감하게 버리고 간소한 삶을 살게 도와주며, 하나님의 계획대로 섬기는 삶을 살고, 나누는 삶을 살도록 도와준다.

성경공부 시간에는 무엇을 어떻게 지도하는 것이 효과적인가?

1) 예수님을 알기 전에 우리가 겪은 삶의 체험들과 고민들을 나누고, 이성과 양심과 근면함으로 그것들을 해결하려던 시도들과 성경적인 해결을 비교해 보도록 도와준다.

생각해 볼 질문들:
- 우리는 늘 근심하며 산다. 현재 우리가 근심하는 것들은 무엇인가?
- 그 근심을 해결하기 위해서 시도한 일들은 무엇인가?
- 그 해결책들이 얼마나 효과가 있었는가?
- 현재 우리가 당면하고 있는 가장 큰 문제는 무엇인가?

- 그 문제들 중 우리 자신의 잘못과 관련이 있는 문제들은 무엇인가?
- 그 문제들 중 우리 자신의 잘못과 관련이 없는 문제들은 무엇인가?
- 그 문제들의 원인은 어디에 있고 해결책은 무엇이라고 생각하는가?

2) 예수님을 만나고 나서 예수님이 어떤 분인지를 알고 고백할 수 있도록 도와준다.

생각해 볼 질문들:
- "예수님" 하면 제일 먼저 떠오르는 생각이 무엇인가?
- 예수님에 대한 좋은 느낌으로는 어떤 것들이 있는가?
- 예수님이 우리에게 해주신 좋은 일로는 어떤 것들이 있는가?
- 예수님 때문에 삶이 변화되고, 영성이 개발되고, 믿음이 성장하고 있는가?
- 성령을 체험한 적이 있는가?

3) 예수님을 만난 후 우리의 삶의 우선순위와 시각과 꿈이 어떻게 바뀌었는지 혹은 바꾸어야 하는지를 깨닫고 바꾸어 가도록 도와준다.

생각해 볼 질문들:
- 예수님을 사랑하면, 무엇이 정말로 달라지는가?
- 예수님이 말씀하여 주신 계명은 두 개이다. 무엇과 무엇인가?
- 예수님을 만난 후, 인격이 변화되고 있다고 생각하는가?
- 예수님을 만난 후, 성품이 변화되고 있다고 생각하는가?
- 예수님을 만난 후, 내적 치유가 일어나고 있다고 생각하는가?
- 예수님과의 관계에 변화가 일어나고 있다고 생각하는가?

4) 하나님이 우리를 다듬어 주시는 이유는 하나님이 우리에게 주신 삶의 목적에 헌신하고, 계획을 세우고, 동역자들과 함께 나누고, 섬기는 삶을 살게 하기 위함임을 고백하도록 도와준다.

생각해 볼 질문들:
- 우리는 하나님을 사랑하고 이웃을 사랑하고 있는가?
- 우리가 당한 불행 때문에 다른 사람을 더 잘 이해하고 위로할 수 있었던 경험이 있는가?
- 하나님이 기뻐하시는 일은 구체적으로 어떤 것들일까?
- 그 일들을 하면서 내가 희생한 것들은 무엇인가?
- 편안한 현재의 삶을 떠나서 내가 남을 위하여 무엇을 할 각오가 서 있는가?
- 고난을 무릅쓰고 남을 위하여 희생한 사람들은 왜 희생을 했다고 생각하는가?
- 섬길 대상과 시기와 방법과 관련된 질문

(2) 삶의 나눔

삶의 나눔은 7-12명의 사람들이 소그룹으로 모여서 나누는 대화의 독특한 형식을 의미하고, 삶의 경험에 근거해서 나누어지는 대화이기에 삶의 나눔이라고 한다. 삶의 나눔은 지난 날 하나님을 체험한 이야기, 현재 하나님을 체험하고 있는 이야기, 신앙으로 반응한 이야기, 성공과 실패의 이야기 등 다양한 삶의 현장 이야기를 기반으로 하여 자유롭게 진행된다. 그러므로 삶의 나눔은 소그룹 구성원들이 자신들의 경험에 비추어 성경의 간단한 진리를 발견하고 생활에 적용해 보기 위하여 하는 것이다.

왜 삶의 나눔인가?
- 문제를 안고 사는 사람을 은혜의 보좌로 데리고 나가기 위함이다.
- 서로의 경험을 통해서 배우기 위함이다.
- 다양성을 통해서 서로 배우고 확신을 얻기 위함이다.

삶의 나눔 시간에는 무엇이 일어나는가?

삶의 나눔 시간에는 소그룹에 참여하는 사람들이 마음을 열고 그리스도의 음성과 능력을 받아들일 수 있도록 도와주는 시간이고, 소그룹 구성원들의 경험에 비추어 성경의 진리를 발견하고 생활에 적용해 보는 시간이다. 소그룹 구성원들은 마음 문을 열고, 그리스도의 음성과 능력을 받아들이게 하는 토의 주제를 놓고 대화를 한다.

그래서 대화가 잘 되어가는 동안:
- 돌보는 것과 사랑과 선행을 격려받게 된다.
- 격려와 자극과 도전을 받게 된다.
- 가치관에 관하여 불분명한 생각을 직면하게 된다.
- 이슈나 관심 있는 주제를 발견하게 된다.
- 실생활에서 실제적으로 흥분시켰던 일을 나누게 된다.
- 필요한 것을 채우게 된다.

삶의 나눔이 교제로 발전하기 위해 필요한 것들
- 하나님의 말씀에 순종하고, 말씀을 적용한다.

"그리스도의 말씀에 거하면 우리는 예수님의 참 제자가 된다" (요한복음 8:31-32).

- 서로 용납한다.

서로 용납한다는 것은 예수님이 우리를 사랑하여 주시는 것 같이 우리도 서로 사랑하는 것이다 (요한복음 13:34).

- 서로 용서한다.

소그룹 구성원들은 하나님이 우리를 용서하여 주시는 것 같이 우리도 서로 용서한다 (에베소서 4:32).

- 순수하게 지원하여 주고 비밀을 완전하게 보장하여 준다.
"너희가 짐을 서로 지라" (갈라디아서 6:2).

삶의 나눔을 효과적으로 진행하기 위해 필요한 것들
첫 번째 단계: 경험을 제공해야 한다.
두 번째 단계: 그룹으로부터 피드백을 얻어야 한다.
세 번째 단계: 소그룹 참여자들이 나눈 이야기를 리더가 이해한 대로 이야기해 주고, 잘못된 결론이 있다면 조정해 주어야 한다.
네 번째 단계: "당신은 이 경험을 통하여 무엇을 얻게 되었는가?"라고 질문을 함으로써 모두가 참여할 수 있는 시간을 제공한다. 그룹이 경험한 내용이 이야기로 살아 남아야 한다.

리더는 삶의 나눔과 관련된 질문들을 어떻게 진행하면 효과적일까?
리더는 대화의 흐름이 전적으로 성령님께서 주관하고 계심을 인정하면서, 대화의 흐름이 성령님의 이끄심에서 벗어나지 않도록 조심해서 지도해야 한다. 리더가 잘못하면 대화가 단절될 가능성이 많이 있다. 리더는 준비한 질문을 통해서 구성원들의 삶 속에서 역사하고 계시는 하나님을 발견할 수 있도록 이끌어 주어야 한다.

소그룹 리더는:
- 모든 사람이 이야기할 수 있도록 배려하고 격려해 주어야 한다.
- 때로는 두세 명씩 작은 그룹으로 짝을 지어 대화하도록 한다.
- 때로는 한 사람씩 돌아가면서 말할 수 있도록 한다.
- 내용 중 마음에 와 닿는 것과 새로운 깨달음을 말해 보도록 한다.
- 서로 인정해 주고 존중해 주는 분위기를 만들어 주어야 한다.
- 상대방의 말을 들을 때, 옳고 그름으로 판단하지 않고 그 사람의 형편을 있는 그대로 인정하고 받아 주어야 한다. 나에게는 별로 중요하지 않은 일이 다른 사람에게는 매우 심각한 문제일 수 있기 때문이다.
- 말하는 사람의 눈을 쳐다보고 고개를 끄덕여 줌으로써 말하는 사람이 받아들여지고 있다는 느낌을 갖게 해주어야 한다.
- 발표하는 사람에 대하여 절대로 평가하지 말아야 한다. 상대방의 발표가 끝나면, "네, 좋은 말씀 고맙습니다." "어려운 이야기를 나누어 주셔서 고맙습니다"라고 답하면 된다.
- 다른 사람이 발표하는 것을 평가하거나 마무리해 주어야 한다는 의무감을 가질 필요는 없다.
- 질문을 잘못 이해하고 엉뚱하게 말하는 사람이 있더라도 대답이 틀렸다고 말하지 말아야 한다. 대신에 올바른 대답이 나올 수 있도록 기술적으로 돌려서 질문을 하면 된다.

- 좋은 질문을 위한 최선의 방법은 미리 답을 아는 것이다. 그러므로 리더가 원하는 답을 써보는 것도 효과적이다. 그런 다음 그 대답이 나올 수 있도록 유도하는 질문을 만들어 보는 것이 좋다.
- 가르치기보다는 참여자들의 삶 속에서 하나님의 역사하심을 발견할 수 있도록 도와주는 역할을 해야 한다.
- 대화가 기도와 영적인 은사를 발견할 수 있는 사역으로까지 연결되도록 이끌어 준다.

삶의 나눔과 관련된 질문들

건설적인 질문은 항상 대화의 목적과 훈련을 겸비한 질문이다. 질문을 다양하게 준비하는 이유는 사람들로 하여금 생각해 볼 수 있는 기회를 주기 위함이다. 질문은 사람들에게 새로운 통찰력과 새로운 지식에 마음 문을 열어 줄 뿐만 아니라 자신이 생각하고 있는 것을 다시 점검해 볼 수 있는 기회를 제공하여 준다. 그리고 좋은 질문은 삶의 주제를 드러내 주기도 하고 주제를 더 깊이 규명할 수 있는 기회를 제공하여 주기도 한다.

삶의 나눔과 관련된 질문들은 그 날의 본문에 근거하여 **적용질문**, **발견질문**, **결단질문**으로 질문할 수 있다. 이러한 질문들은 본문에서 제시되는 하나님 이야기(복음)가 나의 삶과 만나는 연결점을 찾아 주기 위함이다.

1) **적용질문**

적용질문은 본문의 내용을 삶 속에 적용하도록 도와주는 질문이다.

본문 말씀 중 "형제자매가 지금 겪고 있는 상황에 대해 말씀하고 있다고 생각되는 부분이 있습니까?"

"주일설교를 듣고, 당신이 삶에서 갈등하고 있는 것들을 위하여 하나님께서 좀 더 표면적으로 드러내 주신 부분이 있다면 무엇입니까?"

하나의 구체적인 예로 창세기 2장에 근거하여 안식하는 삶과 주일성수에 관한 내용을 공부했다면, 적용질문은 "지금까지 살아오면서 가장 편안하게 쉴 수 있었던 휴가는 언제였습니까?" 라고 묻는다. 이 질문을 통해 우리는 휴식이 필요한 존재라는 사실을 발견할 수 있도록 이끌어 주게 된다.

(예문) 우리는 바쁘고 고된 삶이 힘들다고 말합니다. 그러나 하나님께서는 열심히 일하고 책임을 다한 사람에게는 안식을 주셨습니다. 지금까지의 삶 속에서 정말 꿀 같이 좋았던 가장 기억에 남는 휴가가 있었다면 그 이야기를 서로 나누어 봅시다.

2) **발견질문**

적용질문을 통해 본문의 이야기와 나의 삶의 접촉점을 찾았다면, 이번에는 발견질문을 통해 이미 내 삶 속에 역사하고 계셨던 하나님의 손길을 발견해 나가게 된다.

"신앙의 성숙을 위해서 당신이 지불했던 대가로는 무엇이 있나요? 그 결과는 어떠했나요?"

하나의 구체적인 예로 창세기 2장에 근거하여 안식하는 삶과 주일성수에 관한 내용을 공부했다면, 발견질문은 진정한 휴식은 안식, 곧 주일성수라는 사실을 받아들이게 도와주는 질문이다.

(예문) 축복 받은 쉼에는 "거룩함"이 담겨 있습니다. 주일에 예배를 빠지고 놀러갔던 경험이 있으십니까? 그때 마음에 죄의식이나 부담감과 같은 영혼의 쉼을 잃어버렸던 경험을 이야기해 봅시다.

3) 결단질문

여러 사람이 나눈 대화를 통하여 본문에서 배운 하나님의 이야기가 자신들의 삶 속에서 어떻게 실천되고 있었는지를 증거하게 된다. 이로써 다양한 삶 속에서 다양하게 역사하시는 하나님의 손길을 배우게 되고, 신앙적 도전과 격려를 받게 된다. 결단질문은 믿음이 행동으로 연결되는 삶을 살려고 결단하도록 도와주는 질문이다.

"하나님께서 나를 통하여 우리 교회에서 이루려고 하시는 일이 무엇이라고 생각하십니까?"

"내가 받은 고난의 경험으로 남을 섬길 수 있는 길은 무엇이 있을까요?"

(예문) 앞으로 주일을 어떻게 보내야 할지를 이야기해 보고 서로 다짐하며 격려해 봅시다.

(3) 예배와 섬김

교회의 사명이 그리스도의 제자를 길러내는 데 있는 것이라면, 제자를 길러내는 데 있어서 예배가 끼치는 영향은 말로 다 표현할 수 없다. 예배와 선교는 이러한 면에서 서로 불가분의 관계가 있다고 할 수 있다. 하나님의 선교는 그리스도인과 비그리스도인들에게 그들이 드리는 예배(service=worship)를 통해서 선포되고 실현되어 가기 때문이다. 예배는 "나"와 "나의 경험"을 중요시하는 경향으로부터 예배자들이 예수 그리스도와 하나님의 거룩한 선교 행위에 관심을 갖도록 한다. 그리고 예배는 "소비자 중심의 문화"와 "개인주의"에서 믿음의 공동체인 교회와 하나님의 영광을 위해 자신을 드리는 거룩한 행위로 우리의 관심을 전환시켜 준다.

"예배는 궁극적으로 하나님의 거룩한 행위와 사람의 반응"이라고 할 수 있다. 예배는 하나님과 사람 사이에 이미 일어난 새로운 영적인 관계를 다시금 확인하고 거듭하는 행위이다. 그러므로 예배에는 신적인 면과 인간적인 면이 함께 역할을 한다.

신적인 면은 예배를 통해서 전반적인 구원의 이야기(narrative)를 전하고 실현해 가는 것이다. 이러한 이야기는 창조와 타락, 성육신과 십자가에서의 죽으심과 부활, 그리고 다가올 새로운 하늘과 땅을 통해서 이루어질 구원의 완성을 강조하게 된다. 사람들은 예배를 통해서 이러한 구원의 이야기를 기도와 찬송, 설교와 간증, 그리고 성례와 같은 요소들을 통하여 계속해서 듣게 되고, 그러한 이야기 속으로 자신들을 몰입하게 된다. 이처럼 예배가 바르게 이해되고 바르게 드려질 때, 예배자들은 참여를 통하여 복음 안으로 들어가게 된다.

다른 한편으로, 인간적인 면은 예배자들이 예배를 통하여 자신들의 삶이 바르게 형성되어지는 것을 원하고 그렇게 살기 위해 노력하게 된다. 이러한 예배는 예배를 드리는 자들만이 아니라 비그리스도인들과 구도자들에게도 눈으로 볼 수 있는 외적인 창문의 역할을 하게 된다. 이와 같이, 예배 가운데 성례(세례와 성만찬)를 통해서 기독교의 복음을 전하는 것뿐만 아니라 하나님 나라에 대한 초청을 끊임없이 지속한다.

교회가 진정한 교회의 사명을 잘 감당하게 될 때, 세상 속에서 하나님의 살아 계심을 증거할 뿐만 아니라 다른 사람들을 위한 "은혜의 수단"이 된다는 사실을 간과해서는 안 될 것이다. 이 사실은 교회가 하나님의 은혜를 가장 잘 체험할 수 있는 곳임을 증명해 준다는 의미이다. 이것을 가리켜 요한 웨슬리는 교회의 "사회적 구원"이라고 말한다. 즉 그리스도인들의 사회에 대한 적극적인 참여를 통한 교회의 사회적 사명이라고 할 수 있다.

그리스도인은 교회를 통해서 기독교의 신학과 신앙을 배우고 되며, 예배와 기도와 성례를 통해서 그러한 사실을 잘 경험하게 된다. 설교를 통해서 말씀 가운데 살도록 개개인의 삶을 형성하고, 언행을 통해서 살아 계신 그리스도를 증거하는 삶을 살도록 끊임없이 가르친다. 그러므로 전도사역은 그리스도인 개개인의 사회적인 삶을 통해서 그리스도인의 가치와 정체성을 세상 가운데 드러내는 증인으로서의 삶(witness)을 살도록 가르친다.

요한 웨슬리가 전한 감리교회의 생명의 뿌리는 "세계는 나의 교구"라는 선교적인 목표와 사랑의 혁명을 이룰 수 있는 선행의 돌봄사역이다. 복음의 목적은 단순히 영혼 구원에만 있는 것은 아니다. 구원받은 성도가 잘 돌봄을 받아 온전히 성장해야 하는 것이며, 또 자신이 돌봄을 받아 성장한 것 같이 다른 사람에 대한 사랑과 돌봄의 실천이라는 이중적 의무를 지닌다. 그래서 웨슬리는 다음과 같은 감리교인의 생활규칙을 역설한다.

"네가 할 수 있는 모든 선을 행하라. 모든 힘을 다하여, 모든 방법을 다하여, 모든 처지에서, 모든 장소에서, 모든 기회에, 모든 사람에게, 네가 살아있는 동안 모든 선을 행하라." (웨슬리의 생활규칙 중에서)

분재(盆栽)가 아무리 아름다워도 그것은 열매를 맺을 수 없다. 기독교는 그리스도의 보혈이 흐르는 복음으로 생명을 살리는 종교이다. 그러므로 복음과 사회참여는 불가분의 관계일 뿐만 아니라, 교회가 이 세상 가운데 존재하는 이유와 그 목적을 다시금 깨우쳐 주는 것이다.

교회는 모이는 회중과 흩어지는 회중, 즉, 함께 부르심을 받은 회중의 모임과 보내심을 받은 회중의 기능을 가지고 있다. 이러한 이중적 기능은 사람이 숨을 들이마심과 내뿜는 것과 같이 결코 없어서는 안 될 중요한 요소이다. 교회가 자신의 회중만을 위해 존재하게 될 때 영적인 병에 걸리게 되지만, 교회가 선교적 사명과 사회를 위한 봉사를 계속하게 될 때 오히려 그 존재의 한계를 뛰어넘게 된다.

이러한 교회의 이중적 모형을 사도행전 2장에서 발견할 수 있는데, "그들이 사도의 가르침을 받아 서로 교제하고 떡을 떼며 오로지 기도하기를 힘쓰니라" (사도행전 2:42). 이와 더불어 선교적 사명을 다하던 교회의 모습이 고린도전서에 나타나는데, 고린도 성도들은 복음을 전하며 자신의 교제 장소를 다른 사람들이 은혜를 체험하도록 내주었을 뿐만 아니라, 주님의 성찬을 기념하는 것을 전하는 데 힘쓰면서 세상을 위한 중보와 하나님의 놀라운 일을 전하는 데 노력하고 있었다 (고린도전서 11:26). 그러므로 근본적으로 교회가 하는 모든 기능은 증거하는 것(witness)과 성도의 교제(fellowship)와 봉사하는 (service) 것으로써 모인 회중과 흩어진 회중으로서의 기능과 역할을 담당하게 한다.

1) 하나님은 우리의 삶 가운데 때로는 초대받은 손님처럼 혹은 지나가는 나그네처럼 우리를 찾아오신다. 하나님의 초대는 항상 나와 타인을 위해 열려 있다. 하나님은 예배를 통하여 거룩한 하나님의 임재를 경험하도록 우리를 초대하신다. 이러한 초대는 개인적이면서 또한 공동체적이다.

생각해 볼 질문들:
• 예배에 참여할 계획은 없었는데, 예배에 참여하고 싶은 생각이 떠오른 적이 있는가? 어떻게 태도를 취하였는가?
• 나에게 있어서 예배를 드리는 궁극적 이유는 무엇인가?
• 예배에 참여하지 못하였을 때 의무감이나 죄책감을 느껴본 적은 있는가? 왜?
• 예배가 나의 신앙 성장과 성숙에 어떻게 영향을 준다고 생각하는가?

2) 하나님은 예배를 통하여 우리와 만나 주시고 우리의 삶을 변화시켜 주시고, 각 개인에게 허락해 주신 많은 은사를 통하여 우리를 만나 주신다.

생각해 볼 질문들:
• 예배에서 가장 중요하다고 생각하는 부분은 무엇인가?
• 가장 기억에 남는 예배는 무엇인가? 그 이유는 무엇인가?
• 은혜가 충만한 예배는 무엇을 뜻하는가?
• 우리에게 성령을 선물로 주시는 이유는 무엇이라고 생각하는가?

　3) 하나님은 예배를 통하여 우리가 변화되는 것을 보고 기뻐하시고 그에 합당한 삶을 살기를 원하신다.
생각해 볼 질문들:
• 나에게서 예배를 드리는 태도가 변화된 것이 있다면 어떤 부분인가?
• 예배를 드리는 가장 적합한 장소는 어디라고 생각하는가? 그 이유는 무엇인가?
• 예배 가운데 하나님의 거룩한 임재를 느껴 본 적이 있는가?
• 그러한 예배를 드리기 위해서 지금 내가 할 수 있는 것들은 무엇인가?
• "영과 진리"로 드리는 예배는 어떠한 예배라고 생각하는가?

　4) 하나님은 예배를 통하여 교회와 우리를 변화시키실 뿐만 아니라 우리 주변에서 일어나는 사건들에도 개입하시기 원하신다. 그래서 하나님은 교회를 구별하여 세우시고, 교회를 통해 하시고자 하는 당신의 계획을 보이시고, 우리를 그 도구로 삼으시고 참여하기를 초대하신다.
생각해 볼 질문들:
• 예배를 마치고 난 후 나의 일상의 삶은 어떤 변화를 경험하고 있는가?
• 나의 매일의 삶의 현장(직장, 교회, 가정)에서 하나님의 임재를 느낄 때는 언제인가? 왜 그렇다고 생각하는가?
• 나는 현재 속한 교회와 공동체에서 어떠한 봉사를 하고 있는가?
• 나의 은사가 잘 활용되고 있다고 생각하는가?
• 예배가 끝난 후, 나의 삶의 자세와 비전이 어떻게 변하고 있는가?

예배를 준비하는 이들을 위한 지침들:
• 예배는 성도가 함께 모여서 "드리는" 거룩한 사역이어야 한다.
• 예배는 매일의 삶과 동떨어지지 않도록 해야 한다.
• 중요하지 않다고 생각하는 것들 속에서 중요성을 발견해야 한다.
• 하나님의 살아 계심을 기대하고 인정해야 한다.
• "세례" 때 한 서약이 삶의 중심에 있어야 한다.
• 예배에서는 가능한 한 포용적인 언어를 사용해야 한다.
• 누구나 하나님께 가까이 나아갈 수 있도록 도와야 한다.
• 서로가 다양한 문화를 가지고 있음을 주시해야 한다.

• 하나님은 우리를 주관적으로 만나시고 어디서나 우리에게 힘과 위로를 주시는 분이심을 상기해야 한다.
• 예배는 우리 삶에서 기쁨을 발견할 수 있도록 도와야 한다.
• 예배의 목적은 하나님께 영광을 돌리며 우리의 삶이 변화되는 데 있음을 상기시켜 주어야 한다.
• 하나님의 말씀은 매일의 삶과 밀접한 관계가 있다. 그와 같이 하나님의 말씀이 모든 크고 작은 일에 중요한 지침이 되어야 한다.
• 기도는 곧 일상의 삶이어야 한다.
• 살아 계심과 화평케 하는 목회이어야 한다.
• 창조하는 목회이어야 한다.
• 자신의 은사(gifts)를 나누어야 한다.
• 모험(Risk-taking)을 하는 목회이어야 한다.
• 교회(The Church)를 "한 몸" 되게 하는 목회이어야 한다.
• 예배가 성례적이 되어야 한다. 하나님의 은혜를 통하여 우리가 하나님을 경험하도록 도와야 한다.
• 예배에 참여하는 사람들은 하나님을 만나기를 갈망한다는 사실을 명심해야 한다.
• 특정 연령이나 사람이 아니라 모든 사람을 염두에 두어야 한다.
• 계속해서 향상시켜 나가야 한다.
• 장로, 권사, 집사 및 평신도 모두가 참여하도록 격려해야 한다.
• 교회력(church calendar)과 성서일과(lectionary)에 익숙해야 한다.
• 지역과 공휴일(local and civil calendars)을 염두에 두어야 한다.
• 개인의 중요한 일들(personal calendars)을 염두에 두어야 한다.
• 항상 기도로 준비해야 한다.

(4) 영성과 기도: 죄와 구원

죄와 구원에 대한 가르침은 성경에서 가장 중요한 내용들 중 하나일 뿐만 아니라 기독교 영성 이해의 바탕을 이루고 있다. 성경전서 66권에 흐르고 있는 주제가 하나님의 구원사역이고, 또한 성경이 보는 역사 역시 구원사라고 생각해 볼 때, 죄와 구원에 대한 올바른 이해는 모든 신앙인에게 반드시 필요한 것이다.

1) 하나님은 인간들과 아름다운 영적 관계를 맺기 원하시지만 인간들은 반복해서 죄를 짓는다. 그러나 하나님은 그러한 인간들을 포기하지 않으시고 계속 새로운 삶을 열어 주신다. 창세기 1-2장이 그 예이다. 하나님은 우주를 창조하시고 자연과 온갖 짐승과 사람을 창

조하셨다. 이러한 하나님께서는 천지창조를 통하여 우리 인간들이 다음의 세 가지 커다란 관계성 가운데 살아가도록 창조하셨다. 하나님과 인간과의 관계, 인간과 인간과의 관계, 인간과 자연과의 관계이다.

하나님과 인간과의 관계를 보면 하나님은 최초 인간인 아담과 대화하시며 아담은 하나님의 말씀에 순종하였다. 인간과 인간과의 관계는 하나님께서 맺어주신 아담과 하와는 서로 돕는 배필로서 아름답게 연합하여 살아가도록 하셨다. 인간과 자연과의 관계를 보면 하나님께서 씨 맺는 채소와 열매 맺는 나무를 인간에게 주셨고 우리 인간들이 땅과 하늘, 바다와 그 안에 거하는 온갖 생명체들과 함께 조화를 이루며 살아가도록 하셨다. 이렇게 하나님의 천지창조는 하나님과 인간과의 관계, 인간과 인간과의 관계, 그리고 인간과 자연과의 관계가 아름답게 이루어진 관계였다. 하나님의 뜻이 이루어진 천지창조는 "보시기에 좋았더라"라는 성경 표현대로 하나님께서 기뻐하셨던 것을 알 수 있다. 그러므로 천지창조의 이야기를 통하여 이 세 가지 관계에 대해 이해하는 것은 아주 중요하다. 왜냐하면 이 관계성에 대한 이해가 죄와 구원을 이해하는 데 꼭 필요하기 때문이다.

생각해 볼 질문들:
- 하나님은 우리 인간과 어떤 관계를 원하고 계시는가?
- 하나님께서 원하시는 바람직한 인간관계의 모델이라고 말할 수 있는 구체적인 예는 무엇일까?
- 하나님은 서로 돕는 배필로 부부를 창조하셨다. 서로 어떤 부분을 도와주어야 할까?
- 성경에 있는 인간과 자연과의 관계는 오늘날 흔히 말하는 환경문제와 아주 밀접하게 관련되어 있다. 하나님께서 원하시는 인간과 자연의 바람직한 관계를 우리 삶 속에서 구체적으로 실천할 수 있는 방법에는 어떤 것들이 있을까?
- 하나님께서 지어주신 관계성을 말할 때 요즘 대두되고 있는 또 다른 관계는 "나와 나 자신과의 관계"이다. 하나님께서 원하시는 나와 나 자신의 관계는 어떠한 모습이라고 생각하는가?
- 우리는 하나님과 관계를 맺으면서 이웃을 사랑하며, 자연을 돌보며 살아가고 있는가?
- 오늘 내 삶의 모습이 천지창조에 나타난 하나님의 뜻에 합당한 삶을 살고 있다고 생각하는가? 어떻게 살고 있는가? 왜 살지 못 하는가?
- 성경에 나타난 인간이 느꼈던 유혹과 욕심, 질투와 시기, 정욕과 교만은 우리도 느끼며 산다. 우리가 그것으로부터 자유로워질 수 있을 때가 있을까? 있다면 언제이고, 없다면 왜 없을까?

2) 하나님께서 지어주신 이러한 아름다운 관계를 깨뜨리는 것이 바로 죄이다. 인간이 죄를 지을 때, 그 결과는 하나님과의 관계가 깨어지고, 인간과 인간과의 관계가 깨어지고, 인간과 자연의 관계 또한 깨어지게 된다. 하나님 앞에 설 때, 그래서 하나님의 거룩하심에 직면하게 될 때 우리는 우리가 지은 죄를 깨달을 수 있다.

"죄"라는 단어는 누구에게나 거부감을 준다. 그래서 오늘날의 교회는 죄에 대해서 이야기하는 것을 회피하는 경향이 있다. 그 이유는 대부분 죄의 뜻을 사회에서 쓰는 비도덕적이고 비윤리적인 행위로 죄의 개념을 이해하고 있기 때문이다. 성서적으로 죄는 "깨어진 관계"이다. 즉, 하나님께서 천지창조를 통해 지어주신 올바른 질서를 파괴하는 것이 바로 죄이다.

성경에서 보면 죄를 지을 때 반드시 경험하게 되는 단계가 있다. 그것은 유혹이라는 단계이다. 아담이 선악과를 보았을 때 경험한 것도 유혹이었다. 아담이 유혹을 이기지 못하였을 때 죄를 범하였고, 그 죄의 결과로 인해 하나님 앞에서 도망하여 동산나무 사이에 숨게 되었다. 또한 아담과 하와는 무화과나무 잎으로 서로에 대해 스스로를 가렸다. 전에는 채소와 열매를 내던 땅이 이제는 가시덤불과 엉겅퀴로 인간을 위협하게 되었다. 이 모든 것은 바로 죄로 인한 깨어진 관계를 의미하는 것이다. 즉 내가 하나님과 신앙적인 관계가 이루어져 있지 않거나 깨어져 있으면 그것이 바로 죄이다. 그리고 나와 이웃과 서로 사랑하고 돌보는 관계가 아니라 단절된 관계라면, 그것 또한 죄이다. 나아가 환경을 파괴하고 오염시켜서 우리 자신과 후손의 삶의 기반을 무너뜨리는 것도 죄이다. 이러한 면에서 볼 때, 도덕적으로나 윤리적으로 아무 비난받을 만한 잘못을 저지르지 않았다고 할지라도 그 사람이 하나님과 영적인 관계를 가지고 있지 않다면 성경은 그를 가리켜 죄인이라고 하는 것이다. 우리가 하나님을 만날 때, 우리는 지금 내가 어떤 관계 속에서 살아가고 있는가를 깨달아 알 수 있다.

생각해 볼 질문들:
• 윤리적으로나 도덕적으로 완전한 사람이 죄인이 될 수 있는 이유는 무엇 때문일까?
• 우리가 무엇을 어떻게 할 때, 하나님과의 관계가 깨어지게 되는가?
• 인간과 인간 간의 관계를 깨어지게 하는 것들은 무엇인가?
• 서로 사랑해야 할 가족 간에도 깨어진 관계로 살아가는 경우가 있다. 사랑해야 할 관계가 깨어질 때, 우리는 어떤 것들을 경험하게 되는가?
• 인간이 자연 환경을 파괴할 때, 환경은 인간의 삶을 파괴한다. 깨어진 관계는 파괴하는 결과를 가져온다. 구체적인 예로 어떤 것들이 있을까?

3) 심판의 고통은 인류에게 반성과 회개와 새로운 결단을 할 수 있는 기회를 준다. 그리고 심판의 고통은 죄에 대한 경각심을 주는 동시에 잘못된 모습을 다듬을 수 있게 해준다. 성경을 통해서 볼 때, 하나님은 마무리를 짓기 위하여 심판하시는 것이 아니라, 심판을 통해 새로운 삶의 가능성을 항상 열어 주시고, 그리고 새로운 인류역사를 허락하여 주신다. 즉, 구원의 역사를 이루어 가시는 것이다.

누가복음 15장에는 예수께서 말씀하여 주신 세 개의 비유가 있다. 그것들은 "잃었다 찾은 동전"의 비유, "잃었다 찾은 양의 비유," 그리고 "잃었다 찾은 아들"의 비유이다. 특히 탕자의 비유로 알려진 잃었다 찾은 아들의 비유는 구원이 무엇인가를 아주 잘 설명해 주는 비유이다.

탕자가 아버지로부터 떠나 있는 삶, 즉, 아버지와 깨어진 관계 속에 있는 삶은 죄인의 모습이다. 아버지로부터 떠나 있는 삶은 온갖 부귀영화를 누리며 즐겁게 사는 삶이든, 또는 돼지와 함께 쥐엄 열매를 먹으며 사는 삶이든 그것들은 죄인의 모습이다. 아버지로부터 떠나 있는 삶, 그로 인해 깨어져 있는 관계, 그것이 아버지의 마음을 가장 아프게 하는 것이다. 아버지를 떠난 탕자는 자신이 죄 지은 것을 깨닫고 아버지께로 돌아간다. 여기서 탕자가 스스로 죄 지은 것을 깨닫고 일어나 아버지께로 향하는 모습, 이것을 가리켜 "회개"라고 한다. 회개한 탕자가 아버지께로 왔을 때, 아버지는 그 아들을 있는 모습 그대로 받아들이시고 기뻐하시며 잔치를 베풀며 다시 부자의 관계를 회복하여 주신다.

깨어진 관계가 이렇게 다시 회복되는 것, 그것이 바로 구원이다. 이 구원에서 우리는 죄를 뉘우치는 탕자의 회개와 아들을 용서해 주시는 아버지의 은혜를 볼 수 있다. 이렇게 회개와 은혜가 만나는 곳에서 구원의 역사는 이루어지는 것이다.

생각해 볼 질문들:
• 탕자가 아버지로부터 떠나 살겠다며 그에게 재산을 요구했을 때 아버지의 마음을 가장 아프게 했던 것은 무엇이라고 생각하는가?
• 탕자가 객지에서 방탕한 생활을 하고 있었을 때 아버지의 마음을 아프게 했던 것은 무엇이라고 생각하는가?
• 만약에 탕자가 다시 아버지께로 돌아오지 않았다면, 다시 말해서, 탕자가 회개하지 않았다면 그의 운명은 어떻게 되었을까?
• 탕자를 환영한 아버지와는 달리 큰아들은 탕자를 받아들이지 않았다. 큰아들의 모습은 오늘날 우리에게 어떤 것을 생각하게 하는가?
• 탕자와 아버지, 큰아들과 아버지의 관계가 주는 교훈은 무엇인가?
• 탕자에게 아버지의 사랑은 언제나 열려 있지만, 그 사랑을 믿고 죄

된 모습에서 돌이켜 아버지께로 향하는 회개가 반드시 필요하다. 믿음으로만 구원받는다는 가르침과 믿음은 진실한 회개를 동반해야 한다는 뜻은 같은 것인가? 아니면 다른 뜻이 포함되어 있는가?

• 내 삶 속에서 하나님께서 심판하셨지만 새로운 삶을 열어 주신 경험을 한 적이 있는가?

• 심판이 끝이 아니라 새로운 가능성의 시작이라면, 하나님께서 심판, 또는 벌을 주시는 목적은 무엇인가?

4) 하나님은 완전한 인간을 원하시는 분이 아니시다. 하나님은 우리의 불완전함과 죄를 너무나 잘 알고 계신다. 그럼에도 불구하고 하나님은 우리 한 사람 한 사람에게 구원의 역사를 허락해 주시고, 우리를 통해서 하나님의 선하신 사역을 이루어 나가기를 원하신다.

하나님께서 우리를 들어 쓰실 수 있도록 우리는 자신을 깨끗한 그릇으로 준비시켜야 할 것이다. 비록 불완전하지만 하나님의 구원사역에 쓰임을 받을 깨끗한 그릇으로 되어지는 과정, 그것이 바로 영성을 추구하는 신앙여정이다. 구원은 깨어진 관계의 회복이기에 계속적으로 이어지는 삶의 모습을 포함하고 있다. 구원받은 자의 삶, 그것은 회복된 관계를 소중히 여기고 지켜나가는 삶이다.

누군가 만들어 낸 이야기이고, 이미 여러 책에 실린 이야기지만 하나님과의 관계가 무엇을 뜻하는지를 이해하기 위해 다시 한 번 소개한다. 돌아온 탕자가 다시 집을 나갔다고 한다. 이번에는 아버지로부터 재산을 받아 혼자 즐기기 위해 나간 것이 아니라, 오히려 죄 된 자신을 용서해 주시고, 다시 아들로 회복시켜 주신 아버지의 사랑이 너무나 고마워서 아버지께 드릴 재산을 벌기 위해 먼 나라로 나갔다. 몇 년 동안 열심히 일하면서 번 많은 돈을 아버지께 드리기 위해 집으로 향했다. 아버지 집에 가까워 오자 그는 집에서는 장례식이 진행되고 있음을 알게 되었다. 자신이 돈 벌러 먼 곳에 나갔을 때부터 이제나저제나 하며 아들을 기다려온 아버지는 결국 아들을 보지 못하고 아들이 돌아오기 하루 전에 세상을 뜨시고 말았다. 많은 돈을 벌어 아버지를 기쁘게 해 드리고 싶었던 아들은 그제야 아버지가 자신에게 진정으로 바라던 것이 무엇인지를 알 수 있었다. 그것은 "아름다운 관계 속에서 함께 사는 것"이었다.

이 이야기는 우리에게 하나님과의 관계가 무엇인지, 구원이 무엇인지 잘 설명해 주는 이야기이다. 하나님께서 우리에게 원하시는 것은 하나님과 신앙적인 관계 가운데 살아가는 것이다. 그것이 바로 구원받은 이들의 삶의 모습인 것이다. 구원받은 이들의 삶의 모습, 그것을 우리는 성화라고 한다.

성화는 끊임없이 주님을 닮아가는 삶을 살면서 더 나은 신앙인이 되고자 노력하는 것이다.

생각해 볼 질문들:
- 하나님께서 우리에게 바라는 삶의 모습은 어떠한 것일까?
- 구원받은 후에 또 죄를 지으면 어떻게 해야 하는가?
- 신앙적으로 완전하게 된다는 것은 불가능하다. 그렇다면 우리가 추구해야 할 삶의 모습은 어떠한 것일까?
- 살아가면서 같은 한국말을 하지만 말이 잘 통하지 않을 때가 있다. 말이 통하지 않는 경험을 해본 적이 있는가? 있었다면 어떤 경우였는가?
- 다윗의 예를 통해서 볼 수 있는 교훈은 무엇인가?
- 베드로와 가룟 유다는 예수님의 제자들이었고, 둘 다 예수님을 배신하였다. 그런데 가룟 유다는 자살로 비참한 삶을 마감하였고, 베드로는 위대한 사도로 다시 태어났다. 그 두 사람의 근본적인 차이는 무엇이었다고 생각하는가?
- 바울은 원래 예수님을 핍박하던 사람이었으나, 기독교인이 된 이후 기독교 역사상 가장 위대한 선교사이자 신학자가 되었다. 바울의 삶을 통해 볼 때, 하나님께서 들어 쓰시는 사람의 조건이 무엇이라고 생각하는가?
- 하나님께서 들어 쓰실 수 있는 내가 되기 위하여 내가 가장 먼저 변화해야 할 것은 무엇이라고 생각하는가?
- 하나님께서 우리 교회를 들어 쓰실 수 있는 우리 교회의 장점은 무엇이라고 생각하는가?

영성과 기도: 기도

영성생활은 갈라디아서 2:20에서 말씀하신 "그리스도 안에 사는 삶"이라 말할 수 있다. 요한 웨슬리는 하나님의 은혜를 경험할 수 있는 구체적인 일을 계속 함으로써 영성생활이 가능하다고 가르쳤다. 그리고 하나님의 은혜를 경험할 수 있는 중요한 일들 중의 하나로 기도를 말하였다. 영성생활은 구원받은 이들이 하나님과 영적 관계를 유지하며 살아가는 것이고, 바로 이러한 영적 관계를 유지하는 중요한 방법이 기도이다. 왜냐하면 기도를 통해서 우리는 하나님과 만나고 하나님과 대화할 수 있기 때문이다.

1) 기도는 하나님과의 대화이다.

우리는 언어와 묵상으로 하는 기도를 통해 하나님과 교통할 수 있다. 여기에서 교통이라는 단어는 인간이 하나님께, 또는 하나님께서 인간에게 일방적으로 말하는 것이 아니라 하나님과 인간이 서로 대화하는 것을 의미한다. 출애굽기 33:11에 보면, 하나님과 모세가 대화하는 장면에서 "여호와께서는 모세와 대면하여 말씀하시며"라고 기록되어 있다.

이렇게 하나님을 만나서 대화하는 것이 기도의 의미이다. 기도가 하나님과 대화하는 것이라는 의미는 기도의 목적이 하나님과의 영적 관계를 이루고 유지하기 위한 것이라는 뜻이기도 하다. 생명을 유지하는 데 있어서 호흡이 필수이듯이 영성생활에서 기도가 필수이기에 기도는 우리의 영적 호흡이라고 흔히 표현하고 있다.

2) 기도는 하나님께 우리의 소원을 아뢰며 하나님의 뜻을 구하는 것이다.

성경에서 기도라는 단어의 원래 뜻은 "간청하다"라는 라틴어 동사인 precari에서 유래되었다. 어원에서 나타나듯이 기도의 가장 대표적인 내용은 하나님께 우리가 원하는 바를 아뢰며 도와주심을 간구하는 것이다. 그러나 기도는 우리의 뜻을 하나님께 일방적으로 강요하는 것은 절대 아니다. 기도는 하나님과의 대화이기에 우리를 향한 하나님의 뜻을 추구하며 내 뜻보다 하나님의 뜻이 이루어지기를 구하는 것이다.

3) 기도는 은혜의 수단이다.

연합감리교회 전통에서는 하나님의 은혜를 경험할 수 있는 구체적인 방법으로 다섯 가지 은혜의 수단(means of grace)을 제시한다. 그 은혜의 수단들은 성경공부, 기도, 성만찬, 금식, 그리고 신앙 모임이다. 이 은혜의 수단들을 통해서 우리는 하나님의 은혜를 경험하며 올바른 영성생활을 해 나갈 수 있다고 했고, 이러한 영성생활의 핵심 중의 하나로 기도를 제시했다. 웨슬리는 우리의 삶 자체가 영적인 것이며, 그러기에 우리의 삶은 기도의 삶이라고 가르쳤다.

초신자의 경우 기도하라고 하면 막상 무슨 말을 어떻게 해야 할지 막막할 때가 있다. 기도하는 방법을 가르치면서 교회는 기도할 때 다음의 네 가지 전형적인 요소를 포함하여 기도하라고 구체적인 제시를 하였다. 흔히 이를 ACTS라고 하는 Adoration, Confession, Thanksgiving, Supplication의 첫자를 따서 표기한 것이다.

A: Adoration (경배와 찬양)

경배와 찬양은 만물을 창조하시고 우주를 주관하시며 우리의 삶을 인도하시는 하나님께 영광과 존귀를 드리는 부분이다.

C: Confession (고백)

고백은 우리가 지은 죄를 진심으로 그리고 구체적으로 하나님께 고백하며 회개하는 부분이다. 회개의 기도는 나의 죄를 인정하며 하나님께 용서를 구하는 것일뿐만 아니라 동시에 그 죄된 모습을 버리겠다는 결단이 수반되어야 한다.

T: Thanksgiving (감사)
감사는 우리 삶에 베풀어주신 하나님의 은혜에 감사하는 부분이다. 우리가 영적 눈으로 우리의 삶을 돌아보면, 때로 고난과 아픔과 역경이 있다 할지라도 풍성한 하나님의 사랑과 은혜로 가득 차 있음을 발견할 수 있다.

S: Supplication (간구)
간구는 우리의 소원을 하나님께 아뢰며 간구하는 부분이다. 하나님의 뜻 안에서 우리가 추구하고 원하는 것들을 하나님께 아뢰는 것이다. 회개와 감사와 고백과 마찬가지로 구체적으로 나의 기도제목을 하나님께 간구하는 부분이다.

요한 웨슬리는 기도생활에 대해 다섯 가지 지침을 가르쳐 주었다.

첫째로, 우리는 기도생활을 통해 하나님의 은혜를 체험할 수 있다. 기도는 하나님과의 만남과 대화이기에 하나님의 은혜를 구한다면 반드시 기도생활을 하여야 한다.

둘째로, 하나님께서 우리의 기도를 확실히 들어주시며 우리가 구하는 것보다 더 크고 좋은 것으로 응답해 주신다는 것을 확신하였다.

셋째로, 비록 하나님께서 우리 기도에 빨리 응답하시지 않는다 할지라도 기도하다가 낙심하거나 포기하지 않을 것을 가르쳐 주었다.

넷째로, 하나님께 은밀히 기도하는 개인시간을 반드시 가질 것을 강조하였다.

다섯째로, 기도할 때, 의미 없는 빈말을 중언부언하는 것을 경계하였다. 하나님께서는 우리가 기도하기 전에 우리의 마음과 기도제목을 이미 알고 계시다. 그럼에도 불구하고 우리가 구체적으로 그리고 간절하게 기도해야 하는 이유는 하나님께 내가 무엇이 필요한지 일깨워 드리고자 함이 아니라 나 자신이 내 삶에서 무엇이 필요한지 스스로 깨닫고 내 삶을 향한 하나님의 뜻을 구하기 위함이라고 가르쳐 주었다. 그런 의미에서 기도는 내 생각과 삶을 정화하고, 우리의 영적 생활을 지탱해 주며, 하나님과 대화하며 교통하는 은혜의 수단이다.

기도하려고 할 때 따라오는 장애물들
1) 시간이라는 장애물
기도생활을 하려할 때, 가장 흔하게 경험하는 장애물은 기도할 시간이 없다는 것이다. 일상생활의 빈 공간에서 다른 일을 하면서도 얼마든지 의미 있고 진지한 기도를 할 수 있다. 예를 들어, 길을 걸어가면서 기도할 수 있고, 신호등이 바뀌기를 기다리면서 기도할 수 있고, 집안청소나 부엌일을 하면서도 영적으로 좋은 기도를 할 수 있다.

그러나 생활 속에 의도적으로 기도만을 위한 시간을 만들어서 기도에 집중하는 것이 풍성한 영성생활을 위해서 반드시 필요하다. 한국교회의 새벽기도는 이런 면에서 아주 유익한 제도이다. 기도를 위하여 의도적으로 시간을 내는 것이 장애물을 제거하기 위한 가장 첫 번째 단계이다.

2) 기도의 결과를 결정하려는 장애물

우리는 기도의 결과를 나 스스로 결정하려는 유혹과 위험을 받고 있다. 예수님은 이러한 유혹과 위험을 잘 알고 계셨기에 마태복음 6:33과 마태복음 26:39에서 "그런즉 너희는 먼저 그의 나라와 그의 의를 구하라." "내 아버지여 만일 할 만하시옵거든 이 잔을 내게서 지나가게 하옵소서 그러나 나의 원대로 마시옵고 아버지의 원대로 하옵소서."라고 가르쳐 주셨다.

우리가 간절히 소원하는 기도제목이 있거나, 특별한 삶의 위기에 처하여 하나님께 간절히 기도할 때, 우리가 간구하는 대로 기도가 이루어지기를 바라는 것은 어찌 보면 당연한 것이다. 그러나 영성생활, 특별히 기도에 있어서 가장 중요한 기초는 우리 자신과 삶을 하나님께 내어 드리며 우리를 향한 그분의 뜻에 순종하는 것이다. 우리가 하나님께 간절히 간구하는 것은 반드시 필요한 것이며, 하나님께 우리의 필요를 아뢰는 것은 하나님 자녀 된 우리의 특권이다. 그러나 하나님 주권의 영역을 침범하여 그분의 결정을 우리가 먼저 해버리고 그것을 강요할 때, 우리의 영성생활은 심각한 위험에 빠지게 된다.

3) 불신이라는 장애물

이것은 기도의 능력을 믿지 않으며, 기도가 아무런 소용이 없는 자기독백이라고 생각하는 장애물이다. 기도의 능력을 믿지 않는다는 것과 기도의 결과를 하나님의 뜻에 맡긴다는 것은 아주 다른 것이다. 우주의 주관자이신 하나님께서는 우리 각자의 삶을 인도하고 계시다는 믿음이 없다면 기도는 무의미해진다. 따라서 하나님에 대한 불신은 기도의 장애물이다.

빌리 그래함 목사는 하나님은 반드시 우리의 기도를 응답해 주신다고 말하면서, 하나님께서는 세 가지 방법으로 응답해 주신다고 하였다. 첫째는 Yes, 즉, 우리의 간구를 받아들여 주시는 것이다. 둘째는 No, 즉, 하나님께서 우리의 기도제목과 다른 뜻을 가지고 계시기에 우리의 간구를 받아들여 주시지 않는 것이다. 셋째는 Wait, 즉, 우리가 생각하고 있는 때와는 다른 하나님의 때에 우리 기도를 응답하시는데, 이때 우리에게 필요한 것은 기다림과 인내라고 가르쳐 주었다. 이것은 기도응답에 좋은 가르침이다.

4) 자신의 죄와 상처를 보지 않으려는 장애물

기도는 하나님과의 대화이므로 우리는 기도를 통해 하나님을 만날 뿐만 아니라 동시에 하나님 앞에 서 있는 우리 자신의 모습을 만나게 된다. 하나님 앞에 서 있는 우리 스스로를 돌아볼 때, 우리는 죄와 상처라는 장애물을 만날 수 있다. 즉 전에는 그다지 심각하게 생각하지 않았던 과거에 지은 죄나 또는 현재 짓고 있는 죄 된 모습을 기도를 통해 자각하게 될 때가 있다. 진정한 회개는 바로 이러한 죄의 자각을 통해 시작된다.

이와는 달리 내가 과거나 현재 타인으로부터 받은 상처나, 또한 내가 타인에게 준 상처가 기도 중에 다시 떠오르는 경우도 있다. 내가 그 동안 잊고 살았거나 치유되었다고 생각했던 상처들이 다시 나를 괴롭힐 때, 그것은 주님이 주시는 용서의 기회이다. 그런데 이러한 죄와 상처를 보지 않으려는 마음, 회개와 용서를 거부하는 마음은 우리가 제거해야 할 기도의 장애물이다.

5) 타성이라는 장애물

진심으로 하나님과 만나기를 원하고, 대화하고 싶고, 하나님의 음성을 듣고 싶어 하는 마음 없이 반복되는 기도는 타성이라는 장애물이 되기 쉽다. 성경은 중언부언하는 기도와 남에게 보여주려는 기도, 특별히 하나님을 속이려는 기도에 대해 엄중히 경고하고 있다. 기도의 대상은 오직 하나님 한 분뿐이다. 그러한 기도에 진정성이 결여될 때, 타성이 들게 되고, 타성에 젖은 기도에는 아무런 생명력이 없다. 따라서 우리의 영성생활 가운데 혹 내가 타성에 젖어 매너리즘에 빠지는 것은 없는지 때로 자신을 돌아보아야 할 것이다.

하나님과 교통하는 다양한 기도들

1) 간청기도

간청기도는 우리가 가진 소원을 하나님께 아뢰며 간청하는 기도의 방법이다. 모든 기도 중에서 가장 기본적인 방법이며 한국교회 전통에서 가장 강조되었던 기도방법이다. 그러나 우리가 무엇을 간청하고 있는가를 신앙 안에서 성찰해 볼 필요가 있으며, 우리의 뜻보다 하나님의 뜻을 분별하며 간청하는 노력이 필요하다. 왜냐하면 간청기도가 내 소원을 간구하는 것만으로 그친다면 자칫 개인의 욕심을 위한 기도로 흐를 수도 있기 때문이다.

2) 통성기도

통성기도는 함께 합심하여 큰소리로 하나님께 절박함을 호소하는 기도방법이다. 대부분의 한국교회에서 많이 사용하는 방법이다. 많은 경우 공동체가 공동의 기도제목을 가지고 동시에 통성기도를 하게 된다.

3) 중보기도

중보기도는 같은 하나님의 자녀로서 신앙 안에서 영적으로 형제/자매된 우리의 이웃을 위해 기도하는 방법이다. 우리가 다른 사람을 위해서 중보기도를 하게 될 때, 우리 모두 하나님이 은혜와 사랑, 그리고 돌보심이 필요한 존재라는 것을 깨닫게 되며, 우리 모두 이웃의 삶에 영적으로 참여하게 된다. 하나님은 우리의 삶을 주관하고 계시며, 이 과정에서 성도의 믿음을 사용하신다. 그렇기에 중보기도는 하나님의 일에 참여할 수 있는 특권과 능력이 주어지는 기도이다.

4) 금식기도

우리는 아주 중요한 특별한 기도제목이나 위기를 직면할 때 금식기도를 하였던 예를 성경을 통해서나 영성생활에서 흔히 볼 수 있다. 생명을 유지하기 위하여 반드시 필요한 음식을 거부하면서까지 기도하는 금식기도는 영적으로 자신을 하나님 앞에 온전히 굴복시킨다는 의미를 가지고 있다. 즉, 온전히 하나님 앞에 엎드려 모든 것을 내려놓고 영적으로 기도에 집중하면서 하나님께 간청하거나, 하나님의 뜻을 구하고자 하는 것이 금식기도이다.

금식기도는 영성생활에 바람직한 방법이기는 하지만, 금식여부와 금식기간을 결정할 때, 반드시 개인의 건강을 고려해야 한다. 건강을 해칠 정도의 금식은 오히려 하나님의 영광을 가리는 것이며 (한 예로, 당뇨병 환자가 금식기도 하려고 할 때), 장기적으로 볼 때, 개인의 영성생활에도 도움이 되지 못한다.

5) 기도문기도

기도문기도는 이미 작성되어 있는 기도를 읽어 나가며 그 기도문으로 우리의 마음을 하나님께 드리는 것이다. 기도문기도는 오래 전부터 회중예배와 개인기도에 많이 사용되어왔다. 요한 웨슬리 역시 많은 기도문기도를 드렸고 스스로 기도문을 작성하기도 하였다. 특별히 신앙생활이나 기도생활을 처음 시작하는 이들은 기도문기도를 통해서 기도훈련을 쌓아 나갈 수 있다. 가장 대표적인 기도문은 시편과 찬송가이다.

6) 관상기도

최근에 많은 이들이 실제로 영성생활의 한 방법으로 관상기도를 실천하고 있다. 대개의 경우, 기도는 내가 가진 기도제목이나 삶의 주제를 하나님께 언어를 통해 아뢰며 그분의 뜻을 구하는 과정이다. 그러나 관상기도는 우선 나에 대한 모든 것을 배제하고 마음을 온전히 주님을 위해 비우며 내어드리는 것이다. 마치 수도사가 명상하듯이 그렇게 스스로의 마음을 비운 후 그 가운데서 우리에게 찾아오시는 하나님을 만나며, 온전히 그분의 뜻을 구하는 기도이다. 처음에는 많은 잡념으로부터 자유로울 수 없고 또 하나님께 내가 먼저 말하는 것에 너무 익숙해 있기에 관상기도는 어렵게 느껴지거나 또는 단순한 침묵의 시간이 되어버리기도 한다. 그러나 금식기도가 우리의 육적인 것을 거부하며 하나님과의 집중적인 만남을 추구하듯이, 관상기도는 번잡한 삶의 주제들을 모두 내려놓고 내 자아를 거부하며, 하나님과의 온전한 만남을 추구하는 좋은 기도방법이다.

위에서 소개한 기도방법들은 우리가 영성생활에서 쉽게 할 수 있는 기도방법 중에서 대표적인 것들을 아주 간략하게 간추려 정리한 것이다. 어떠한 기도방법이 가장 좋은 것인가를 묻는 질문은 무의미하다. 왜냐하면 사람들은 상황과 형편에 따라 각기 다른 방법으로 자유로이 기도할 수 있기 때문이다. 한 가지 명심할 것은 사람마다 성격이 다르듯이, 사람마다 특별히 은혜 받는 기도의 방법이 다를 수 있다는 것이다. 예를 들어, 어떤 이들은 힘 있는 통성기도를 할 때 가장 은혜 받을 수 있는가 하면, 어떤 이들은 그런 시간을 견디기 힘들어 하는 이들도 있다.

기도의 형태는 사실 그다지 중요한 것이 아니다. 중요한 것은 기도에 임하는 우리의 마음가짐과 태도일 것이다. 왜냐하면 기도는 하나님과의 영적 관계를 위한 하나님과의 대화이기 때문이다. 그런 의미에서 실제 삶 속에서 구체적으로 기도하는 것이 가장 중요하다.

(5) 교회와 전도: 교회

교회는 하나님께 속한 공동체이다. 교회의 주인이 하나님이시라면 교회는 하나님의 뜻을 따라야 할 의무가 있다. 교회의 주인 되신 하나님이 교회를 통해서 원하시는 것은 믿음의 공동체가 모여 하나님을 찬양하고, 복음을 증거하고, 공동체가 건강하게 성장해 나가는 것이다. 그러면 성경이 말하는 교회 이해와 교회를 통한 신앙의 성숙와, 교회의 일원으로 교회 공동체의 성장을 위해 할 수 있는 구체적인 실천사항은 무엇일까?

1) 교회의 속성을 설명할 때 일체성, 보편성, 사도성을 들 수 있다. 즉, 교회는 하나님 안에서 하나 되어, 세상의 모든 것을 포괄하면서, 예수 그리스도의 삶과 고난, 부활에 대한 증인으로서의 역할을 감당해야 하는 공동체라는 의미이다. 교회는 사람들의 필요에 의해 임의로 만들어낸 공동체가 아니다. 교회는 하나님께서 성도들을 세상에서 불러내어 만드신 "하나님의 부름을 받은 사람들의 모임"이다. 교회의 주인 되신 하나님이 교회를 통하여 원하시는 것은 믿음의 공동체가 모여 하나님을 찬양하고, 복음을 증거하며, 공동체가 건강하게 성장하여 나가는 것이다.

생각해 볼 질문들:
• "교회" 하면 제일 먼저 떠오르는 생각이 무엇인가?
• 교회가 사람들이 만든 모임이 아니라는 증거는 무엇인가?
• 언제 하나님께서 교회와 함께 하신다는 것을 느낄 수 있는가?

- 당신은 하나님의 말씀을 듣고 똑같이 마음의 찔림을 받는데, 왜 어떤 사람들은 회개하고 다른 사람들은 그렇게 하지 못하는가?
- 교회가 하나 되어야 한다고 하면 누구와 하나 되어야 하는가?
- 교회가 하나 되어 있다는 증거는 무엇인가?
- 그리스도와 한 몸 이루었다는 것을 어떻게 알 수 있는가?
- 어떻게 하면 교회의 본질을 회복할 수 있을까?
- 본질의 회복을 통해서 교회가 일어선 경험이 있는가?
- 교회의 본질을 찾기 위해서 내가 바꾸어야 할 신앙습관이 있는가?

2) 하나님은 성도를 부르셔서 믿음의 공동체로 인도하시고 성도들과의 만남을 통해 하나님의 뜻을 이 땅 위에 펼쳐 나가신다. 그래서 교회의 주인이신 하나님을 만나야 교회를 향한 하나님의 뜻을 알 수 있다.

우리는 성경말씀을 통해서 하나님을 만날 수 있다. 교회에서 진행되는 성경공부를 통해, 설교를 통해, 교제와 기도모임 가운데 성령의 강한 임재가 있다. 하나님을 경험한 사람들은 하나님을 경외하는 사람들일 뿐만 아니라 말씀의 권위 앞에 무릎을 꿇는 사람들이다. 하나님을 향한 열정으로 귀를 기울이는 사람이다. 하나님을 만나는 것에 관한 질문들:

- 교회를 통해 하나님을 체험한 사건이 있었는가?
- 교회에 처음 들어설 때 드는 생각은 무엇인가?
- 교회에서 만난 사람을 통해 하나님의 사랑을 느낀 경험이 있는가?
- 교회의 행사를 통해 하나님을 만난 경험이 있는가?
- 이 교회에 처음 왔을 때, 언제부터 이 교회를 다니겠다고 결정하였는가?
- 새로 나온 교우들도 같은 마음일 것이다. 그들의 마음을 하나로 묶기 위해서 지금 우리는 어떤 노력을 기울여야 하는가?
- 교회에서 거절당한 경험이 있는가? 그때 받은 마음의 상처는 언제, 어떻게 치유되었는가?
- "누구든지"에 포함되어야 할 사람들의 명단을 만들어 보자: 내가 사랑하는 사람. 내가 싫어하는 사람. 나를 싫어하는 사람. 도저히 용서가 안 되는 사람.

3) 하나님을 만난 사람들은 삶의 변화를 가져온다. 그들에게는 예수 그리스도에 대한 소망이 있고, 천국에 대한 열정이 있다. 하나님은 그들의 부족한 부분을 고치고 다듬으면서 사도적 교회를 세워가신다. 사도적 교회라는 말은 예수 그리스도의 삶과 고난과 죽음, 그리고 부활의 증인으로 살아가는 제자의 삶을 의미한다.

교회는 사도들의 증언을 존중하고 그 권위를 인정하며, 그들의 신앙과 믿음을 따라 세상에서 복음의 소식을 전하고, 헌신과 열정으로 그리스도의 제자가 될 때, 우리는 사도적 교회의 전통 위에 선 교회가 된다. 이러한 교회는 내적, 외적, 영적 일체성을 가지고 있다.

- 교회에서 예배시간에 사도신경으로 신앙고백을 하고 있는가? 하고 있다면, 왜 하고 있는가? 만약에 예배시간에 사도신경을 고백하고 있지 않다면, 어떤 신앙고백을 예배 중에 드리고 있는가?
- 초대교회 성도들은 어떤 신앙의 모습을 보여주었는가?
- 초대교회 성도들은 믿음의 공동체였을 뿐만 아니라 삶의 공동체였다. 여러분 교회의 성도들이 믿음의 공동체 뿐만 아니라 삶의 공동체라고 느껴 본 경험이 있는가?
- 교회가 사도적이라는 뜻은 무엇인가? (사도행전 2:36; 4:12)
- 현대교회가 잃어버린 사도적 전통은 무엇인가?
- 여러분의 교회에서 사도적 전통을 경험하는 것에는 무엇이 있는가?
- 사도들의 증언과 권위를 존중하고 인정한다는 것은 무엇일까?
- 초대교회는 모든 물건을 통용하면서 재산과 소유를 팔아 필요에 따라 나누어 줄 수 있었던 이유는 무엇인가?

4) 교회는 하나님의 부르심을 받은 사람들의 모임이다. 그러기에 교회는 한 마음을 품고 하나님을 향해 나아가는 모습이 있어야 한다. 하나님은 한 마음을 품은 성도들, 한 마음을 품은 교회를 통해 당신의 뜻을 이루신다.

- 한마음을 품는다는 뜻은 무엇일까?
- 세상에서 내가 미워하는 사람과도 한마음을 품어야 하는가?
- 교회가 교회답다는 말은 무슨 뜻인가?
- 언제 교회가 교회다워지고, 언제 교회가 교회답지 못하게 되는가?
- 교회의 일체성은 무엇이라고 생각하는가?
- 교회의 보편성은 무엇이라고 생각하는가?
- 교회의 사도적 전통은 무엇이라고 생각하는가?
- 교회에는 여러 지체가 있다는 뜻은 무엇인가?
- 교회는 성도들을 존중하고 각자의 은사에 따라 섬기고 사역을 할 때 아름답게 성장할 수 있다. 바울은 은사를 설명하면서 "더욱 큰 은사를 사모하라"고 말하고 있다. "더욱 큰 은사"는 무엇인가?
- 구원받은 사람을 일반적으로 언급할 때, 하나님과 새로운 관계를 체험한 사람을 말하기도 한다. 그런데 교회의 다른 사람들과 알력이 생기는 이유는 무엇 때문일까?

교회와 전도: 전도

"하나님으로부터 부름을 받은 사람들의 모임"인 교회는 하나님의 일을 감당하는 믿음의 공동체 모습으로 이 세상에서 하나님의 은혜와 복음을 선포하고, 믿음과 봉사의 이야기를 서로 나누면서 하나님의 나라를 세워감으로써, "예수 그리스도의 제자"를 길러내는 사명을 감당하는 것을 목표로 삼고 있다.

1) 교회는 하나님 안에서 하나 되어, 세상의 모든 것을 포괄하면서, 예수 그리스도의 삶과 고난, 부활에 대한 증인으로서의 역할을 감당해야 한다. 교회를 향한 하나님의 뜻은:

하나 되는 교회,

세상을 향해 열려 있는 교회,

예수 그리스도를 증언하는 교회이다.

2) 하나님은 성도를 부르시고, 성도와 함께 하나님의 뜻을 이 땅 위에 펼쳐 나가고 계시다. 교회는 모두에게 열려 있어야 한다. 교회는 평탄한 길을 걸어가고 있는 사람들뿐만 아니라 소외되고, 가난하고, 인정받지 못하고, 불평등한 구조 속에서 착취당하는 모든 사람들에게 열려 있어야 한다.

3) 하나님의 교회는 사도적 교회여야 한다. 사도적 교회라는 말은 예수 그리스도의 삶과 고난과 죽음, 그리고 부활의 증인으로 살아가는 제자의 삶을 말한다.

교회는 사도들의 증언을 존중하고 그 권위를 인정하며, 사도들의 믿음의 확신을 따라 세상에서 복음을 전하고, 헌신과 봉사의 열정으로 그리스도의 제자가 될 때, 사도적 교회의 전통에 서게 된다. 사도적 전통에 선다는 것은:

"십자가에 못 박은 이 예수를 하나님이 주와 그리스도가 되게 하셨느니라" (사도행전 2:36) 라고 믿는 것이다.

"다른 이로써는 구원을 받을 수 없나니 천하 사람 중에 구원을 받을 만한 다른 이름을 우리에게 주신 일이 없음이라" (사도행전 4:12) 라고 선포하는 것이다.

4) 하나님의 교회는 예수 그리스도의 제자를 길러내는 사명을 감당해야 한다.

전도는 살아 계신 하나님을 전하는 일이다. 전도하기에 앞서 예수 그리스도 안에서 살아 계신 하나님을 만나고, 성령님을 체험하고, 하나님과의 살아 있는 교제를 누려야 한다. 그리고 그 체험을 간증하고 전할 때 전도의 문이 열리게 된다.

※자료와 정보※

*연합감리교회 한인목회강화협의회
연락처: 장학순 목사
Email: pchang@gbgm-umc.org
Korean Ministries Plan
Global Ministries/The United Methodist Church
458 Ponce De Leon Ave. NE
Atlanta, GA 30308

*<u>만나고 싶습니다</u> (*Longing to Meet You*), 학생용 (Participant's Guide) 그리고 지도자용(Leader's Guide)이 있다 (Nashville: Cokesbury Press). 한어판과 영어판 교재를 동시에 구입할 수 있다. 주문: ☎ 1-866-629-3101 or www.cokesbury.com

* <u>열매 맺는 회중의 5가지 실천</u>, 로버트 스네지 감독 (Nashville: Abingdon Press, 2010). 적극적인 환대, 감동적인 예배, 목적이 있는 신앙개발, 위험을 무릅쓰는 선교와 봉사, 너그럽게 헌금하는 실천을 강조함. 주문 ☎ 1-866-629-3101. www.cokesbury.com.

* <u>말씀과 생활: 강해 성경공부</u>, 원달준 지음 (Nashville: Cokesbury Press, 2012-2016). 모두 30권으로 되어 있으며, 창세기부터 요한계시록까지 성경 66권 전체를 각 권마다 개별로 공부할 수 있다. 이 성경공부는 성경 말씀 속으로 좀 더 깊이 들어갈 수 있도록 안내하여 주고, 말씀 속에 들어가서 하나님의 음성을 듣고, 하나님을 만나고, 하나님의 뜻을 헤아려 알고, 깨달은 말씀을 조용하게 묵상해 보고 우리의 생활 속에서 적용할 수 있도록 안내해 준다.
☎ 1-866-629-3101 or www.cokesbury.com

* <u>제자화를 위한 성경연구</u> I, II, III, IV (32주-34주 동안 공부할 수 있는 소그룹을 위한 성경공부 교재).
☎ 1-866-629-3101 or www.cokesbury.com

* *Biblical Foundations for Small group Ministry: An Intergenerational Approach* by Gareth Weldon Icenogle (Downers Grove:InterVarsity Press, 1994),
ISBN: 0830817719.

* *Missional Small Groups: Becoming a Community: that Makes a Difference in the World* by M. Scott Boren (Baker Books, 2010), ISBN: 9780801072307.

속회
(Class Meeting)

"초기 감리교 신도회에서는 속회와 속회 모임이 기독교 영성훈련을 위한 기본적인 구조적 수단이었다." (장정 ¶256.1b)

1. 속장과 속회 인도자의 책임
(1) 속장의 책임
- 속회원의 영혼을 위한 파수꾼 역할을 한다.
- 속회원의 인격과 개성을 존중하고 소외자가 없도록 한다.
- 속회원의 영성과 좋은 일과 궂은 일을 담임목사에게 보고한다.
- 속회원을 위해 심방, 전화를 정기적으로 한다.
- 속회원의 이름을 한 사람씩 부르며 기도한다.
- 속장은 헌금 관리와 속회일지 및 보고서를 기록한다.
- 속장은 사랑의 공동체의 분위기를 조성한다.
- 속장은 하나님의 은총 안에서 영적으로 꾸준히 성장해야 한다.
- 속장은 속회원들로 하여금 서로가 서로에게 책임을 지게 인도한다.
- 속장은 속회원들로 하여금 그리스도를 증언하는 일을 도와준다.
- 속장은 속회원들이 예배에 성실하게 참여할 것을 권면한다.

(2) 속회 인도자의 책임
- 성경을 많이 읽고, 기도를 많이 한다.
- 은혜 체험이 있어야 한다.
- 공과를 충분히 준비하고 내용을 충분히 전달할 줄 알아야 한다.
- 은혜롭게 공과 토의를 인도한다.
- 믿음생활의 본을 보여준다.
- 교회행사는 솔선수범한다.

2. 속회 조직 및 운영

이민교회에서는 속회를 한 달에 한 번 혹은 두세 번 모일 수 있도록 다양하게 운영하지만, 요한 웨슬리 시대에는 매주 한 번씩 속회로 모였다. 모든 속장들이 임원회에서 다 똑같이 활약하기에는 너무 숫자가 많기 때문에 연합속회 속장을 교회임원회에서 활약하도록 조직을 만들어 주는 것이 효과적일 것이다.

3. 요한 웨슬리의 속회 원리
(1) 속회의 의미와 기능
연합감리교회는 속회로부터 시작되었다고 말해도 과언이 아니다. 웨슬리를 중심으로 하여 신앙훈련을 같이 하던 사람들이 신도회를 조직했고, 그 신도회가 기초가 되어 속회가 시작되었다. 본래 속회는 집회장소를 마련하는 과정에서 생긴 빚을 갚기 위해 성도들이 자진해서 직접 책임지고 부족한 금액을 채우기 위해 시작되었다. 그들은 1페니씩 기부금을 내어 속장을 중심으로 하여 12명이 속회를 조직하기로 합의했다.

속회는 속회원들이 "서로 짐을 지고 서로를 돌보기" 위한 신앙생활을 훈련하기 위하여 시작되었다. 속장은 한 주 동안에 있었던 속회원들의 영적인 생활을 웨슬리에게 보고했고, 영적인 생활을 지도받았다. 그러나 속회를 통해 "보다 애정 어린 애착"이 생기면서 새로운 각성운동이 시작되었다. 웨슬리의 속회 방침의 예를 들면, "여러분은 다른 사람들처럼 여러분 모두의 공동체를 저버리지 말고 오로지 서로 가르치고, 훈계하고, 권고하고, 꾸짖고, 위로하고, 화합하고, 그리고 모든 면에서 서로를 굳게 일으켜 세우라는 하나님의 가르침을 받았다"라고 했다.

(2) 인간변화를 위한 요한 웨슬리의 속회 조직 원리
요한 웨슬리는 성화에 도달하기 위해 여러 가지 소규모 그룹을 만들어 실천했다. 성화를 온전한 인간변화라고 바꾸어 말한다면, 이 변화는 웨슬리의 입장에서 세 가지 변화를 통해 이루어진다고 볼 수 있다. 그것들은 오늘날 속회 활동에 좋은 방향을 제공해 줄 수도 있다.

가) 온전한 인간변화는 관계의 변화에서 시작된다.

하나님의 은총으로 죄인 된 인간은 하나님과 새로운 관계를 형성한다. 이것이 웨슬리의 칭의의 교리이다. 죄인인 우리는 "오직 믿음으로" 하나님께 의롭다고 인정받아 하나님과의 관계가 새로워지며, 이것을 바탕으로 새로운 변화가 일어나기 시작한다. 그러나 웨슬리는 칭의는 상대적, 객관적 변화에 지나지 않으며 주관적 변화인 성화에 이르러야 한다고 주장한다. 성화는 죄로부터의 구원을 의미하는 칭의에서 한 걸음 더 나아가 죄의 근원과 그 세력으로부터 구원받아 새사람 되는 것을 의미한다. 이러한 교리의 근본 내용은 소위 감리교 신도회라고 불리는 조직에서 정해졌다. 감리교 신도회는 전 회중 조직체를 의미하는 조직으로써 인간이 변화되어야 할 기본 원리 및 행동강령이 이 신도회를 통해 제정 시달되었다.

나) 인간변화는 행동의 변화를 의미한다.

성화에 도달하기 위한 방법으로 웨슬리가 시도한 활동 중에 하나가 속회였다. 신도회에 속한 사람은 반드시 속회에 소속되어야 했다. 이는 지역에 있는 사람들 약 12명 정도로 조직되는데, 그 주요 목적은 거룩한 생활을 위한 개개인의 행동변화였다. 각 속회의 인도자는 1주에 1회 이상 모든 회원을 한 사람씩 만나서 그들의 영적 생활 상태를 살펴보고, 경우에 따라 충고, 책망, 위로, 권면했으며, 또한 매주 목사님을 만나 그들의 상태를 일일이 보고했다. 속회 모임에서는 개개인의 신앙생활 문제를 가지고 발표, 의논, 기도하는 것이 주요 내용이었다. 먼저 인도자가 지난 주간에 있었던 신앙의 문제, 저지른 잘못, 내적 갈등 등 자신의 영적 상태를 솔직히 발표한 후에 회원들이 돌아가면서 같은 내용을 가지고 보고하며 자신의 행동을 반성했다. 이런 모임을 통해 회원들을 동료들과 함께 거룩한 삶을 실천하면서 영적인 교제를 넓혔다. 그들은 또한 신도회에서 정해준 지켜야 될 일, 해서는 안 될 행동의 실천방법을 서로 의논했다.

다) 인간변화는 태도 혹은 의식의 변화를 의미한다.

웨슬리는 관계의 변화를 바탕으로 행동이 변화되어야 하며, 점진적으로 태도와 의식까지도 변해야 된다고 믿었다. 그가 조직한 조(Band)는 의식 혹은 동기의 변화를 성취하는 데 큰 몫을 차지했다고 볼 수 있다. 조는 속회와는 달리 동질집단으로 구성했었다. 결혼 상태, 남녀 구분, 신앙의 경력 등이 조직에 영향을 주었으며, 이것은 어린 아이들을 지도하는 사람으로부터 어른을 지도하는 사람에 이르기까지 지도자급에 있는 사람들을 중심으로 조직되었다. 웨슬리가 제정한 조의 강령에 의하면, 이 모임은 "너희 죄를 서로 고백하며 병이 낫기를 위하여 서로 기도하라"(야고보서 5:16)는 하나님의 명령에 순종하기 위해 조직된 것으로 1주에 1회 이상씩 정해진 시간에 찬송과 기도로 시작되었다. 정해진 순서 없이 아무나 먼저 지난 한 주 동안 말이나 행동으로나 생각으로 저지른 잘못을 솔직하게 고백하고 마지막에는 함께 기도함으로써 모임을 마쳤다. 이 조는 좀 더 신앙적으로 성숙한 사람들로 구성되었으며, 모임의 방향은 개개인의 거룩한 성품, 동기의 순수성, 목적과 의도의 순결함을 도모했다.

웨슬리의 소그룹 운동은 교리의 전달이나 성서지식의 주입이 아니라 철저한 삶의 변화를 위한 것이었다. 모임의 내용도 거룩한 삶을 실천하는 문제를 가지고 솔직하게 자기의 경험을 이야기하고 함께 기도하고 지원해 줌으로써 신령한 교제를 통해 자신의 삶을 거룩하게 변화시켜 나갔다.

4. 요한 웨슬리의 속회 방침

(1) 예수 그리스도의 이름으로 말씀을 증거하여 깨우친 후 속회에 등록시켜라.

(2) 깨우친 사람들을 속회와 예배를 통해 은총과 믿음을 체험케 하라.

(3) 교제를 통해 사랑과 격려와 봉사의 훈련으로 믿음을 성장케 하라.
(4) 복음 전도와 양육으로 세상을 향해 증언하는 은혜의 수단이 되라.

5. 요한 웨슬리의 표어
(1) "할 수 있는 한 많은 곳에서 살아 있는 동안 모든 방법을 다하여 선을 행하라. 어디서든지, 언제든지 모든 사람에게 선을 행하라."
(2) "할 수 있는 한 많은 곳에서 전하라."
(3) "할 수 있는 한 많은 속회를 시작하라."
(4) "새 속회를 시작하지 않고는 말씀을 전하지 말라."

6. 요한 웨슬리의 속회의 성격
(1) 속회는 섬김의 공동체였다.
(2) 속회는 만남의 공동체였다.
(3) 속회는 나눔의 공동체였다.
(4) 속회는 배움의 공동체였다.
(5) 속회는 사귐의 공동체였다.
(6) 속회는 제자의 공동체였다.
(7) 속회는 은혜의 공동체였다.
(8) 속회는 봉사의 공동체였다.
(9) 속회는 전도의 공동체였다.
(10) 속회는 사랑의 공동체였다.

7. 속회의 조직과 운영
(1) 속회의 조직
웨슬리는 12가정 단위의 속회를 조직했지만 한인교회들은 자체 교회 없이 남의 교회를 빌려쓰는 교회가 많기 때문에 지리적으로 멀리 흩어져 살다가 교회로 모여드는 이민자들을 참작하여 사정에 따라 6-8 가정이 모여도 속회의 기능을 할 수 있다고 생각한다. 2-3 가정으로는 너무 적어서 속회의 기능을 다할 수 없고, 또 너무 많으면 장소의 제약으로 부담을 느끼게 되어 불편하다. 속회의 구성은 속장 1명, 인도자 1명, 서기 1명, 속회원으로 하면 좋다. 서기의 역할은 주로 속회 일지를 작성하여 교회에 제출하는 역할을 하게 되기 때문에 속장이 서기의 역할을 하여도 속회 운영 면에서는 지장이 없으리라 믿는다.

속회 전체를 관할하는 연합속장을 두거나 아니면 속회가 많으면 10개 또는 20개 속을 단위로 구역장을 두어 관할하는 것도 도움이 된다.

(2) 속회 운영

속회는 조직도 중요하나 운영의 묘가 없어서는 안 된다. 속회 모임은 속회원들의 편의에 따라 운영하되, 주말인 금, 토, 주일에 갖는 것이 보통이다. 교회 행사를 속회 조직으로 운영함도 효과적이다. 주일예배 안내위원, 헌금위원, 각종 행사 때 봉사위원, 교회학교 교사 접대, 야외예배 준비, 연합속회 등 특별행사에 속회나 구역별로 참석하는 것도 효율적이다. 이렇듯 속회는 연합감리교회의 모체이며 기초이다. 모든 교회는 속회 운영을 통해 교회의 성장과 평신도의 친교를 도모하며 이 땅 위에 그리스도의 뜻을 이루어 나가야 할 것이다.

8. 속회의 중요한 특성

(1) 속회는 신앙생활의 경험을 나누는 모임이다.

속회는 날마다 삶 속에서 있었던 여러 가지 경험을 솔직하게 털어놓고 이야기하며 나누는 모임이다. 상대방의 고민과 경험을 서로 진지한 태도로 들어주며 응답하는 과정 속에서 치유도 되고 여러 가지 삶의 경험을 함께 나누게 된다.

(2) 속회는 속장과 인도자에게 달려 있다.

교회의 부흥 성장이 담임목사에게 달려 있듯이 속회는 속장과 인도자에게 전적으로 달려 있다. 속회의 부흥 발전은 반드시 속장과 인도자의 영적 지도력에 달려 있다. 그러므로 속장과 인도자의 선정이 중요하고 따라서 속회 관리를 위하여 철저한, 그리고 계속적인 속장/인도자 교육이 필요하다.

9. 속회의 목적과 기능

(1) 교회 안에 있는 작은 교회로서의 속회 (마태복음 18:18-20)
(2) 그리스도의 참된 제자를 육성하는 속회 (마태복음 28:19-20)
(3) 기다림과 만남의 약속을 지키는 속회 (사도행전 1:4)
(4) 모여서 기도하며 찾아가고 초청하는 속회 (사도행전 2:42-47)
(5) 서로 돌보며 잘못을 용서하며 기도하는 속회 (야고보서 5:16)
(6) 서로 축복하며 기쁨과 슬픔을 나누는 속회 (로마서 14:14-15)
(7) 서로 권면하고 덕을 세우고 인정해 주는 속회 (데살로니가전서 5:11-18)
(8) 금보다 귀한 믿음으로 영혼을 구원하는 속회 (베드로전서 1:9)
(9) 그리스도인의 완전한 믿음을 향한 속회 (빌립보서 3:12-14)
(10) 예배와 정의와 자비를 실현하는 속회

10. 속장의 자격
인격 면에서
- 부지런하고 원만한 성격의 소유자이어야 한다.
- 덕망이 있고, 열심이 있는 사람이어야 한다.
- 속회에 잘 참석한 사람이어야 한다.
- 믿음이 있는 사람이어야 한다.
- 섬기는 자세를 지니고, 보살피는 성품이 있어야 한다.
- 판단력이 정확한 사람이어야 한다.
- 가정생활이 원만한 사람이어야 한다.

영적인 면에서
- 성경을 많이 읽고, 기도를 많이 하는 사람이어야 한다.
- 주일을 빠짐없이 거룩하게 지키는 사람이어야 한다.
- 헌금생활에 철저한 사람이어야 한다.
- 사랑으로 위로하며 권면하는 사람이어야 한다.

행정적인 면에서
- 속회의 기능과 중요성을 잘 아는 사람이어야 한다.
- 속회와 교회와의 관계를 잘 아는 사람이어야 한다.
- 속회는 새신자의 훈련장임을 잘 아는 사람이어야 한다.
- 속회의 출석을 권면하는 사람이어야 한다.

11. 속회를 위한 교재

한인교회는 속회에서 사용할 수 있는 공과를 마련하는데 많은 도전을 받는다. 한 달에 한 번 모이는 교회이면 한 번 쓸 수 있는 교재, 또는 한 달에 두세 번 모이는 교회이면 이에 맞는 교재를 찾는 것이 어렵기 때문이다. 그리고 한 교재를 찾았다고 하더라도 그 교재가 개체교회가 위치하고 있는 지역 환경을 전혀 고려할 수 없기 때문이다.

그래서 지금 일반적으로 속회가 모일 때마다 사용하고 있는 교재들을 볼 것 같으면 담임목사가 그 주에 한 설교를 요약하여 속회 교재로 사용하는 교회들이 있다.

애틀란타 한인연합감리교회가 주동이 되어 사용하고 있는 기쁨의 언덕으로를 사용하는 교회들이 있다. 이 교재는 연합감리교회공보부 www.Koreanumc.org에서 다운로드 받을 수 있다. 또한 콕스베리에서 원달준 목사가 집필한 말씀과 생활: 강해 성경공부 교재를 사용하여 창세기부터 요한계시록까지 각 권을 개별로 공부할 수 있다.

속회를 위해서는 좋은 교재도 중요하지만, 그에 못지않게 또한 중요한 것은 서로가 서로를 믿어 주는 분위기, 어려울 때 서로가 기도해 주는 분위기, 속회원들이 마음 놓고 자신의 삶을 나눌 수 있는 분위기, 속회원 한 사람 한 사람을 계속 예수께로 인도해 주는 분위기, 친교의 분위기도 중요하다.

※자료와 정보※

* 만나고 싶습니다 (*Longing to Meet You*), 학생용 (Participant's Guide) 그리고 지도자용 (Leader's Guide) (Nashville: Cokesbury Press). 한어판과 영어판 교재를 동시에 구입할 수 있다.
☎ 1-866-629-3101 or www.cokesbury.com

* 열매 맺는 회중의 5가지 실천, 로버트 스네지 감독 (Nashville: Abingdon Press, 2010). 적극적인 환대, 감동적인 예배, 목적이 있는 신앙개발, 위험을 무릅쓰는 선교와 봉사, 너그럽게 헌금하는 실천을 강조함. ☎ 1-866-629-3101 or www.cokesbury.com

* 말씀과 생활: 강해 성경공부, 원달준 지음 (Nashville: Cokesbury Press, 2012-2016). 모두 30권으로 되어 있으며, 창세기부터 요한계시록까지 성경 66권 전체를 각 권마다 개별로 공부할 수 있다. 이 성경공부는 성경 말씀 속으로 좀 더 깊이 들어갈 수 있도록 안내하여 주고, 말씀 속에 들어가서 하나님의 음성을 듣고, 하나님을 만나고, 하나님의 뜻을 헤아려 알고, 깨달은 말씀을 조용하게 묵상해 보고 우리의 생활 속에서 적용할 수 있도록 안내해 준다.
☎ 1-866-629-3101 or www.cokesbury.com

* 제자화를 위한 성경연구 I, II, III, IV (32주-34주 동안 공부할 수 있는 소그룹을 위한 성경공부 교재)
주문: ☎ 1-866-629-3101 or www.cokesbury.com

* *Disciples Making Disciples: Guide for Covenant Discipleship Groups and Class Leaders* by Steven W. Manskar (Nashville: Discipleship Resources, 2016), ISBN: 9780881777741.

2. 대외선교사역부
(Outreach Ministries)

선교
(Mission)

"세계는 나의 교구이다." (요한 웨슬리 일기, 1739년 6월 11일)
"교회가 선교한다함은 하나님께서 세상에 임재하심을 나타내는 증표이다." (장정 ₱1301)

1. 선교부장의 책임
(1) 구역회와 교회임원회의 회원이 된다.
(2) 담임목사와 상의하여 1년 동안 지원할 선교비 예산과 어떻게 재정적으로 지원할 수 있을 것인가에 대하여 상의한다.
(3) 선교에 대해 교육할 수 있는 프로그램을 기획한다. 선교에 대하여 더 많은 것을 알 수 있을 뿐만 아니라, 더 많은 선교 프로젝트를 체험할 수 있도록 기도로, 재정적으로 지원할 수 있도록 기획한다.
(4) 교회 차원에서 하는 모든 선교와 관련된 예산안을 교회임원회에 제출한다.
(5) 지역사회와 국내외에서 요구하는 필요사항을 조사하고 선교사업을 통하여 그러한 필요에 응답할 수 있는 길을 모색한다.
(6) 선교를 통하여 개체교회와 세계를 연결하여 준다.
(7) 국내외에서 봉사할 선교사 지망자를 발굴한다.
(8) 단기 국내외 선교여행을 계획하고 참여시킴으로써 선교하는 교회로서의 이미지를 심어준다.
(9) 선교교육 프로그램을 위하여 자료를 제공한다.
(10) 세계선교비, 특별선교비, 특별선교헌금, 연합감리교회구호위원회를 위한 특별헌금을 지원한다.
(11) 한 해의 선교 프로그램을 평가해 본다.
(12) 연회와 지방회의 선교활동을 지원한다.

2. 선교부장의 선출과 임기
공천위원회의 천거를 받아 구역회에서 선출되며, 임기는 1년이다.

3. 하나님의 선교에 있어서 파트너

그리스도인 모두는 개인이든 회중이든 선교를 하도록 부름받은 사람들이다. 선교는 그리스도인 개개인의 사명 중에 하나이자 개체교회의 사명 중에 하나이다. 선교는 예수 그리스도의 기쁜 소식을 전파하는 출발점이다. 선교는 하나님이 세상에 임재하고 계실 뿐만 아니라 하나님이 하시는 모든 증표를 증거하는 것이다.

성서적 증거

성경은 하나님이 선교를 시작하신 것이고, 하나님께 속해 있는 것이고, 궁극적으로 마지막 때에 하나님께서 성취하시는 것으로 입증하여 주고 있다. 또한 예수 그리스도가 선교를 위하여 동반자로 참여하시며, 인도하여 주신다. 선교의 내용은 예수 그리스도 안에 나타난 하나님의 계시이다. 그래서 선교는 하나님의 선교이지 우리가 하나님을 돕기 위해 노력하는 것이 아니다. 선교는 계시와 성육신과 구원의 표시이다.

오늘 하나님의 선교에 참여함

하나님의 선교는 세상 어디에서나 일어날 수 있다. 하나님이 계시지 않는 곳은 없다. 그리스도 안에 나타난 하나님을 알지 못하고, 깨닫지 못하고, 섬기지 못하고, 듣지 못하는 곳만 있을 뿐이다. 하나님의 선교에 참여하는 것은 하나님께서 선교하고 계신 것 같이 우리도 선교하는 것을 의미한다. 우리는 국내외 선교에 참여할 수 있다.

새 시대를 위한 선교

교회는 다가올 미래에 성령께서 어디로 인도하실지 모르지만 믿음 안에서 새로운 오순절의 순간을 기대하며 소망 중에 기다리고 있다. 새 시대를 위한 선교에는 많은 도전도 있고, 많은 가능성도 있다. 그 가능성들은 다양한 문화와 다양한 언어를 사용하는 사람들에게 선교하는 것, 새로운 패턴으로 새 선교지에서 선교할 수 있도록 보내는 것, 선교사역을 위하여 기도하는 것 등을 들 수 있다.

4. 계획

"내가 새 하늘과 새 땅을 보니 처음 하늘과 처음 땅은 없어졌고 바다도 다시 있지 않더라" (요한계시록 21:1).

성령께서는 현재 너머에 있는 약속의 땅으로 우리를 안내해 주신다. 모든 여정이 그러하듯이 첫 출발이 제일 어렵다. 어디에서 시작하고 어디로 갈 것인가를 어떻게 결정하는가?

• 선교를 왜 해야 하는가를 분명하게 이해한다.

선교의 기반은 무엇이고 개체교회가 하나님의 부르심에 응답하여 꼭 참여해야 할 선교가 무엇인지 분명하게 알 필요가 있다. 예수님은 두루 다니시며 가르치시고, 전파하시고, 병을 고쳐 주셨다 (마태복음 4:23). 이것은 우리가 교회 안에서만 선교할 것이 아니라 밖에 나가서도 선교해야 하는 것을 뜻한다. 사도행전 1:8에 "예루살렘과 온 유대와 사마리아와 땅 끝까지 이르러 내 증인이 되라"는 말씀이 있다. "땅 끝"은 세계 전체를 의미한다. 우리는 전 세계 모든 이에게 그리스도를 증거해야 한다.

- 1년 동안 선교에 대하여 교육할 수 있는 프로그램을 계획한다.

선교 프로그램을 계획할 때 중요한 것은 선교 프로그램을 기도와 예배와 성경공부와 영성훈련과 사회정의와 연결하여 계획하는 것이다.

- 개체교회가 현재 하고 있는 선교를 재확인한다.

개체교회가 현재 하고 있는 선교의 내용은 무엇이고, 미처 하지 못하고 있는 선교사업이 무엇인지를 확인한다. 현재 개체교회에서 후원하고 있는 선교활동을 나열한다. 지나간 몇 년 동안 선교부의 이름으로 후원했으나 지금은 후원하지 않는 활동을 나열한다. 그리고 지방회, 연회, 총회가 요청하는 선교에 참여한 프로그램을 나열한다. 이러한 목록은 개체교회의 취향을 말하여 줄 것이다.

- 내년이나 후년에 하고 싶은 선교 프로그램을 위하여 계획한다.

구체적으로 내년에 어떠한 선교 프로그램을 후원하고, 후년에는 어떠한 프로그램을 후원하고 싶은지 계획한다. 이 계획의 내용을 교회임원회에 제출한다.

- 계획된 선교 프로그램을 누가, 언제, 시작할 것인지 분명하게 한다.
- 계획한 프로그램을 선교부원들이 꼭 한 번 평가해 본다.
- 성공적인 선교 프로그램을 전 교인에게 알리고 함께 축하한다.
- 연합감리교회가 교단 차원에서 성공적으로 행하고 있는 단기 선교 프로그램을 홍보하고 개체교회가 참여할 수 있는 길을 모색한다.

5. 연합감리교회 선교의 초점
- 국내외 지도자 개발
- 개척교회 개발과 기존 교회의 활성화
- 가난한 사람을 위한 사역
- 세계 질병 퇴치운동

6. 평가
선교활동을 잘 계획하고, 진행하고, 좋은 결과를 얻고 있는가?

＊자료와 정보＊

＊General Board of Global Ministries
458 Ponce De Leon Ave. NE, Atlanta, Georgia 30308
선교사에 대한 질문: ☎ 1-800-862-4246 or 212-870-3600.
www.umcmission.org, Working Hours, Monday through Friday 9 am to 4 pm, Eastern Standard Time.

＊*New World Outlook*, Mission magazine of the United Methodist Church. Available in print and digital versions.
☎ 1-800-305-9857 or scorders@gbgm-umc.org

＊Connect/mission (www.umcmission.org/resources)

＊*Creative Donations Capture a Memory* by Susan Kim (www.umcmission.org/UMCOR/Resources/News-Stories/2013/October/1008reativedonations).
UMCOR Hotline (Recorded Message) ☎ 1-800-841-1235

＊Generation Transformation (www.umcmission.org/gt)
Opportunities for short-term and long-term young adult mission service.

＊Global Ministries Store
www.shop.umc.org/more/global-ministries
You'll find mission study books, brochures, maps, and other resources for coordinating mission in your congregation.

＊*Mission Celebrations*
www.mission.org/missioncelebrations
Planning guide and details for holding an event to celebrate mission in your congregation

＊*A Mission Journey: A Handbook for Volunteers* (Nashville: Discipleship Resources, 2013). A resource for those planning and participating in short-term mission.

＊Mission Volunteers (www.umcmission.org/Get-Involved/Volunteer). This is the best way to connect to volunteer mission service in the United Methodist Church and plan mission trips for a team of people or individuals.

여선교회
(Women's Ministries)

"연합감리교회 여선교회는 특히 여성과 어린이와 청소년의 복지에 관심을 가지고 압박받고 소외되어 있는 사람들을 옹호하며, 여성 사이에 상부상조하는 공동체를 형성하며, 또한 전 조직체를 통하여 기독교의 신앙, 선교교육, 사회참여를 증진시키는 활동에 참여한다."
(장정 ¶1902)

1. 여선교회 회장의 책임
(1) 여선교회 회의와 임원 회의를 주재한다.
(2) 교회임원회의 회원으로서 여선교회의 프로그램에 관하여 알리고 여선교회를 대변한다.
(3) 여선교회 서기와 함께 모든 공적인 서류에 서명하고, 여선교회 회계가 주문하는 주문서에 서명한다.
(4) 모든 여선교회 회원이 개체교회의 사역이나, 지방회와 연회의 활동 및 훈련의 기회에 참여하도록 장려한다.
(5) 다른 여선교회 임원과 함께 보고서를 작성하고 서명한다.
(6) 여선교회 멤버들의 영적 생활을 강화하며, 여성들이 개체교회에서 책임지고 신앙생활 할 수 있게 해준다.
(7) 여선교회 회원들이 여선교회의 목적을 이행하도록 돕는다.
(8) 담임목사와 가까운 관계를 유지하며 선교사역에 대하여 상의한다.
(9) 지방 및 연회 여선교회 연합회의 회원이 된다. 그들이 주관하는 행사에 많은 회원들이 참여하도록 권장한다. 연회에서 주관하는 선교학교에는 여선교회 회원들 뿐만 아니라 남성을 포함해서 다른 교인들도 참석하도록 권장한다.

2. 여선교회 회장의 선출과 임기
여선교회 회장은 개체교회 여선교회 회원들이 선출하며, 임기는 회원들 임의로 정하되 4년 이상 계속하여 회장이 될 수 없게 제한되어 있다.
여선교회 회장은 연합감리교회 교인이어야 하며, 그 개체교회의 교인이어야 한다.

3. 여선교회의 목적

"연합감리교 여선교회는 여성의 공동체로서 그 목적은 하나님을 알고, 예수 그리스도를 통하여 온전한 인간으로서 자유를 체험하며 창의적이고 상호 협력하는 친교를 도모하며, 교회의 세계선교에 동참함으로써 선교에 대한 이해를 넓히는 데 있다."

4. 여선교회 회원

모든 개체교회는 여선교회를 조직하기로 되어 있다. 여선교회 회원은 자원제이나 모든 여자 성도가 자동적으로 회원이 되는 것은 아니다. 다른 교단에 속한 여성들도 여선교회 회원이 될 수 있다. 담임목사는 개체교회 여선교회의 직책상 회원이 되며 실행위원이 된다.

5. 여선교회 회원이 되는 의미

여선교회 회원은 여선교회에 자원하여 회원이 되기를 원할 때 회원이 되면 여성이라고 해서 자동적으로 회원이 되는 것이 아니라.

여선교회는 회원들로 하여금 믿음과 소망과 사랑 안에서 함께 일하며 성장할 수 있는 기회를 마련하여 준다.

여선교회 회원은 영적으로 성장할 수 있는 영성훈련에 참여하게 된다. 선교에 참여하게 된다. 선교에 대하여 배울 수 있게 된다. 지도력을 개발할 수 있게 된다. 소그룹을 통하여 사랑과 믿음으로 하나가 된 공동체를 경험할 수 있게 된다. 재정적으로 선교를 후원할 수 있게 된다. 국내외 선교에 동참할 수 있게 된다. 사회참여에 연대관계를 형성할 수 있게 된다. 다양한 선교 자료를 구할 수 있게 된다. 독서 프로그램에 참여할 수 있게 된다. 대외선교를 할 수 있게 된다. 선교를 위한 동참자가 될 수 있게 된다. 여선교회 회원이 될 수 있게 된다. 다른 지역의 회원들과 대화를 나눌 수 있게 된다. 우리가 살고 있는 지역의 문화를 긍정적으로 변화시킬 수 있게 된다.

여선교회 회원의 책임
- 여선교회의 목적을 이해하고 후원한다.
- 모든 회의와 프로그램에 참여한다.
- 준비된 자료를 공부한다.
- 지역사회 활동에 개입한다.
- 여선교회의 여러 행사와 활동에 참여한다.
- 세계적인 문제, 특히 어린이와 여성들의 문제를 이해한다.
- 지도력을 발휘한다.

5. 여선교회 임원들의 책임
(1) 부회장의 책임
• 회장과 함께 여선교회 활동 전반을 잘 이해하고 설명한다.
• 프로그램 위원회 위원장으로서 프로그램을 관리하고 주선한다.
• 임원회나 프로그램 위원회로 하여금 사업협의회의 계획안에 건의하고 또 협조하도록 권장한다.
• 연회와 지방회뿐만 아니라 지역사회의 여성연합회 등 초교파적 활동에 회원들이 참여하도록 권장한다.

(2) 서기의 책임
• 여선교회 회의와 임원회의 모든 회의록을 정확히 기록 보관한다.
• 여선교회와 관련되어 있는 서신을 관리하고 이를 선교회 전체회의나 임원회에 전달한다.
• 회원 명단을 정리하고 회의 참석자 수를 정확히 기록해 둔다.
• 회장과 함께 여선교회 전체 회의와 임원회 안건을 작성한다.
• 모든 모임을 잘 알린다.
• 임원들의 이름과 주소와 전화번호를 지방회 여선교회 서기에게 보내고 새 회장과 서기의 성명, 주소를 서비스 센터에 보낸다.

(3) 회계의 책임
• 모든 기금의 수입 지출을 맡고 장부정리를 한다.
• 지역사회 선교와 행정 및 회원확보를 위해 책정된 예산 외의 모든 기금은 총회여선교회 지방회계에게 보낸다. (개체교회 여선교회가 총회여선교회에 정식으로 가입되어 있을 경우.)
• 정규 월례회와 총회에서 연말 회계보고를 한다.
• 여성국의 선교사업들을 이해하도록 도와준다.
• 선교사역을 위해 개체교회 여선교회가 재정적으로 지원해야 할 필요성을 설명해 준다.
• 회원들로부터 월정 회비를 거두고 연말에 감사를 받는다.

(4) 공천위원회 위원장의 책임
• 공천위원장은 각 프로그램 부서의 내용과 임원들의 책임에 대한 충분한 이해가 있어야 하며 이를 위원들에게 알린다.
• 임원 중에서 결원이 생기면 이를 위원회에 알리고 보선하도록 한다.
• 회원 가운데 지도력이 있는 사람들을 발굴한다.

(5) 프로그램 자료 서기의 책임
• 여선교회 활동에 관한 문서들과 시청각 자료들을 구하여 임원들과 회원들에게 보급한다.

(6) 영성훈련 담당자의 책임
- 세계선교에 참여함으로써 개인의 영성개발과 선교를 연결시킨다.
- 특별 예배와 기도회를 진행한다 (예: 연합예배, 수양회, 기도회 등).
- 여성들의 이미지를 부각시키는 예배를 진행한다.
- 여성들을 성경공부반에 참여하도록 권장한다.

(7) 교육 및 설명 담당자의 책임
- 여성국이 후원하는 총회세계선교부의 사업을 설명하여 준다.
- 선교학교와 UN 세미나에 참여하여 교육을 받도록 장려한다.
- 총회세계선교부에서 출판하는 선교와 관련된 자료들을 홍보한다.
- 선교비를 장려하고, 선교비의 필요성을 설명하여 준다.

(8) 사회참여 담당자의 책임
- 실행위원회와 상의하여 사회문제들을 선택한 후, 그 문제들에 초점을 맞추어 기도하고, 공부하고 반영하여 보고, 행동에 옮긴다. 여선교회는 어린이와 청소년들의 사회문제를 위하여 사역한다.
- 사회정책과 여선교회가 할 수 있는 대책을 연결시킨다.
- 성경에 입각한 사회참여를 설명하여 주고 권장한다.

(9) 멤버 양육 담당자의 책임
- 실행위원회와 함께 새 멤버를 발굴하고, 활동하지 않는 멤버들이 여선교회에 참여할 수 있는 방안을 제안한다.
- 현재의 멤버들을 보살피고 교회의 지도자가 될 수 있도록 도와준다.
- 서로 돕는 공동체를 형성하기 위하여 친교의 시간을 마련한다.
- 세계적인 문제, 특히 여성들의 문제를 이해한다.
- 지도력을 발휘한다.

6. 여선교회는 무엇을 하는 조직체인가?

여선교회는 1869년에 여덟 명의 여성들이 보스턴에서 인디아의 여성들의 건강과 교육의 필요성에 대하여 공부하기 시작하면서 조직되었다. 이 여덟 명은 여선교회를 조직한 후 같은 해에 교육을 위하여 이사벨 쏘번과 클라라 스웨인 의사를 파송하였다.

그리고 여선교회가 조직된 이래 여선교회 회원들은 전도와 선교와 섬기는 일을 위하여 80개 국가에 선교사들을 파송하여 종사해 왔다. 여덟 명으로 시작한 선교회가 몇 년 전에는 6,000명이 한 자리에 모이는 선교회로 성장하였다.

여선교회는 지나간 한 세기 이상 선교에 참여했다. 여선교회의 전체 프로그램은 여성들과, 어린이들의 필요를 충족시켜 주는 데 계속 초점을 두는 동시에 선교교육, 영적 성장, 사회참여를 포함하고 있다. 여선교회는 프로그램을 통하여 다음과 같이 되기를 원한다.
- 여성들의 다양한 관심과 연령과 생활양식을 초월하여 여선교회가 주관하는 프로그램에 참여하기를 원한다.
- 복음에 대하여 공부하고, 말과 행동으로 복음을 실천하기를 원한다.
- 시대가 당면하고 있는 문제에 대한 해결책을 도모한다.
- 여성들에게 선교의 개념을 넓혀 주고, 세계선교에 적극적으로 참여하기를 원한다.
- 불의하게 거부당하고 압박받는 자들이 마음 놓고 자유롭게 일할 수 있도록 도와주기를 원한다.
- 교회가 지역사회 활동 전역에 적극적으로 참여하기를 원한다.
- 그리스도를 따르면서 믿음 안에서 정의와 사랑을 행동으로 실천하는 여성이 되기를 원한다.
- 인적 자원과 물적 자원을 동원하기 원한다.
- 교회와 세계에 참여할 수 있는 활동무대를 창안하기 원한다.
- 여성국이 개발한 자료들을 사용하기를 원한다.

※자료와 정보※

*United Methodist Women's National Office
Membership and Leadership Development
475 Riverside drive, Room 1501, New York, NY 10115
☎ 212-870-3725 (Membership) or 3629 (Leadership)
Website: www.unitedmethodistwomen.org
Online Community: www.umwonline.org
Twitter: www.twitter.com/umwomen
Facebook: www.facebook.com/umwomen
YouTube: www.youtube.com/umwomen
Instagram: www.instagram.com/umwomen
Pinterest: www.pinterest.com/umwomen
Donations:
Online: www.unitedmethodistwomen.org/donate
Mission Giving Form: www.unitedmethodistwomen.org/give/forms

Legacy Fund: www.unitedmethodistwomen.org/legacyfund
By phone: 1-800-278-7771 (8 am to 6 pm EST, M-F)
By check to Office of the Treasurer, Unitedd Methodist Women, 475 Riverside Drive, New York, NY 10115. Mention "Legacy Fund."
Text Legacy150 to 41444 on your mobile device
* 한인여선교회 전국연합회 (NNKUMW)
57-38 Cloverdale Blvd., Oakland Gardens, NY 11364
연락처: 김명래 총무
☏ 914-473-7401 or Email: mrkim81@gmail.com
* 장정 2016. ☏ 1-800-672-1789 or www.cokesbury.com
* *The Book of Resolution of The United Methodist Church, 2016*. This book lists offical United Methodist Church position statements on a variety of social issues as approved by General Conference (Available from Cokesbury).
* *United Methodist Women Handbook 2017-2016.*

The Handbook provides information about organizing for mission at the local, district, conference and jurisdictional levels. It includes guidelines about roles and responsibilities of leaders and relationships to other United Methodist organizations. The constitution and bylaws of the United Methodist Women is included in this Handbook. (한어판 핸드북 구입 가능함)
* www.umcmissionresources.org/sp/downloads. New unit Starter Kit. This kit will help you get started in organizing a local organization of United Methodist Women.
* *Response* and *New World Outlook* (Monthly/bimonthly publications). ☏ 1-877-881-2381
* *Program Book for United Methodist Women* (published annually). The Program Book is a collection of monthly programs and special services for UMC members.
* *United Methodist Women News*. This is the quarterly newsletter for United Methodist Women. (www.unitedmetodistwomen.org/umwnews)

남선교회
(Men's Ministries)

연합감리교 남선교회의 목적은 "남성의 삶에서, 그리스도께서 중심이 되신다는 것을 선포하기 위하여 존재한다. 남성을 위한 사역은 남성들이 영적으로 성장하고 유능한 제자가 됨을 목표로 한다. 이 목적은 남성들이 예수 그리스도의 섬기는 지도자의 모범이 되도록 부르심을 받았을 때 성취될 수 있다."(장정 ₱2302)

연합감리교 남선교회는 "남성들의 필요에 응하여 전도 부분을 다루는 교회의 모든 분야와 협력하여, 복음 증거는 일터와 지역사회, 교구와 가정 안에서 일상생활에 없어서는 안 될 부분임을 남성들에게 보여주는 프로그램이다."(장정 ₱2302.4.a)

1. 남선교회 회장의 책임
(1) 개체교회 남성들을 위한 프로그램을 개발한다.
(2) 남성들이 성경을 읽도록 권장한다.
(3) 남선교회의 목적에 초점을 맞춘다.
(4) 영적으로 성장하고, 선교, 기도, 전도의 생활을 하면서 섬기는 지도자가 되려고 노력한다.
(5) 전도와 선교와 영성훈련을 장려한다.
(6) 연합감리교회의 조직과 교리와 신조를 공부한다.
(7) 남선교회 회의를 인도한다.
(8) 서기와 함께 회의의 안건을 준비한다.
(9) 교회의 모든 남성들이 개체교회 행사와 활동에 참여하도록 장려하고, 지방회, 연회의 행사에도 적극 참여하도록 지도한다.
(10) 다른 임원들과 함께 보고서를 작성한다.
(11) 남선교회를 대표하여 교회임원회와 구역회에 회원이 된다.
(12) 교회임원회에 남선교회의 프로그램과 계획을 알리고 남선교회 회원들로 하여금 교회행사나 프로그램에 적극 참여함으로써 교인의 책임을 다하도록 장려한다.
(13) 회장은 남선교회 각 위원회(단, 남선교회 공천위원회는 제외)에 자동회원이 된다.
(14) 남선교회의 사역과 성장을 촉진한다.

2. 남선교회 회장의 선출과 임기
남선교회 회장은 개체교회 남선교회 회원들이 선출하며, 임기는 1년이다.

3. 남선교회 임원들의 책임
(1) 부회장의 책임
- 회장 부재시, 회장의 책임을 대행한다.
- 남선교회의 프로그램과 연구 및 다른 활동을 계획하고 수행하기 위하여 프로그램 위원회의 위원장으로서 협조한다.
- 개체교회의 남선교회가 연회 기구 안에 속해 있으면, 지방회와 연회의 남선교회 사무실에 보고서를 제출한다.
- 남선교회 임원회에 참여하여 투표권을 행사한다.

(2) 서기의 책임
- 남선교회 임원회의 회원이 된다.
- 남선교회의 회의와 임원회의 회의록을 작성하여 보관한다.
- 정확한 회원 명단을 유지한다.
- 임원회의 건의와 제안을 남선교회 전체에 알린다.

(3) 회계의 책임
- 선교회의 요청에 의해 기금을 접수하고 적립하고 지불하여 남선교회의 모든 기금 출납장부를 만든다.
- 회원들에게 남선교회 기금의 필요성을 설명하고 그들로 하여금 헌금을 약정하도록 권장한다.

(4) 남선교회 공천위원회의 책임
공천위원회는 3-5명으로 구성되며 이들은 남선교회에서 선출된다. 위원들의 임기는 2년이며 위원장의 임기는 1년이다. 공천위원들은 임원들을 추천하는 과정에서 다음 사항에 유의하는 것이 좋다.
- 다른 사람과 의사를 잘 소통할 수 있는 사람
- 개체교회를 위하여 봉사하고, 남선교회 사역에 참여하는 사람
- 전도, 선교, 영성훈련에 관심이 있는 사람
- 대인관계가 원만한 사람

(5) 임원들의 책임
- 임원들은 각 분과 위원장들이다.
- 지방회, 연회, 지역총회, 총회남선교회에서 활동하는 남선교회
- 남선교회 행정을 담당한다.
- 매해 남선교회 활동을 보고한다.

4. 남선교회의 정체와 사명

남선교회는 남성의 삶에서, 그리스도께서 중심이 되신다는 것을 선포하기 위하여 존재한다.

- **사명**: 남선교회는 남성들이 영적으로 성장하도록 도와주고, 그들이 예수 그리스도의 제자로서 성숙되어 가며, 다른 사람들에게 영적 생활을 격려해 줄 수 있도록 도와주는 데 사명이 있다.
- **목적**: 남선교회는 개체교회에서 남성들이 예수 그리스도를 위하여 사역할 수 있도록 해주는 데 목적이 있다.
- **남선교회의 행로**: 남선교회의 행로는 예수 그리스도를 따르는 남성들이 평생을 두고 영적으로 성장할 수 있도록 도와주는 데 있다. 영적 성숙은 남자 성도들이 그들의 신앙을 남과 나눌 때에 나타나는 전도의 결과이다. 영적 재생산은 전도의 기반이다.

5 남선교회를 어떻게 하면 조직할 수 있는가?

(1) 대인관계를 편하게 할 수 있는 인적 자원을 확보한다.
(2) 남선교회를 조직하는 데 도움이 될 수 있는 사람들을 접촉한다.
(3) 남선교회를 조직하기 위한 뚜렷한 목적을 세운다.
(4) 개체교회 남성들의 흥미와 필요를 조사한다.
(5) 프로그램보다는 대인관계에 기초를 둔다.
(6) 영적 성장을 강조한다.
(7) 남성들을 위한 성경공부를 시작한다.
(8) 남성들에게 삶의 가치관을 세워줄 수 있는 봉사활동을 제공한다. 가난한 사람들을 위한 집짓기, 홈리스를 위한 농작물 경작, 취미 활동 그룹, 감옥 방문 등.

6. 남선교회가 개체교회를 위하여 공헌할 수 있는 것들은 무엇일까?

- 전도와 선교와 영적인 생활을 증진시켜 주고 섬기는 지도자가 되도록 훈련시켜 준다.
- 기도, 선교, 청지기 (헌금), 청소년 지도하기 등을 강조하는 프로그램들을 제공한다.
- 회중과 목사를 돕는 일을 한다.
- 교회가 성장하도록 돕고, 헌금을 강화하는 데 이바지한다.
- 변화되어 가는 가정과 직장과 사회에서 남성들이 잘 적응할 수 있도록 돕는다.

• 남성들이 가정과 직장과 사회에서 여성들에게 성적으로 희롱하거나 비하시키거나 괴롭히지 않도록 훈련시켜 준다.
• 연합감리교회의 조직, 교리, 신조를 이해시켜 준다.
• 남성들로 하여금 세례받을 때 서약하고 약속했던 것을 새롭게 서약하고, 기도와 재물과 시간과 재능을 바쳐 그리스께서 세우신 교회를 위하여 교인된 의무를 힘써 다하도록 권면한다.
• 그리스도의 한 지체로서 "가서 모든 민족을 제자로 삼아 아버지와 아들과 성령의 이름으로 세례를 베풀고 내가 너희에게 분부한 모든 것을 가르쳐 지키게"(마태복음 28:19-20) 하도록 한다.

7. 남선교회가 소중히 여기는 개념들과 가치관들

• 남자 성도는 그들의 생각과 말과 행동에서 예수 그리스도를 본받을 때 다른 사람들을 제일 잘 인도할 수 있다.
• 영적으로 성숙한 모습은 다른 사람들에게 복음을 전하여 주는 영적 재생산에서 제일 잘 나타난다.
• 남성들이 가정에서나 개체교회에서 영향력을 미치는 지도자들이 되기를 원한다.
• 개체교회에서 남자 성도들이 없어서는 안 되는 존재로 활기있게 영적으로 성장할 수 있도록 도와준다.
• 교회에서 담임목사를 포함하여 다른 지도자들과 함께 파트너로서 사역한다.
• 남자 성도가 신앙 안에서 생활하면, 그것은 하나님께 영광 돌리는 것이고, 또한 축복받은 삶이다. 변화받은 심령은 그리스도를 중심으로 하는 삶에서만 꾸준히 발전해 나갈 수 있다.

8. 남선교회가 교인들을 위해 하는 일

남성들로 하여금 그리스도 안에서 영적으로 성장할 수 있도록 도와주고, 다른 남성들이 예수 그리스도를 알 수 있도록 도와주는 일이다.
• 남성들에게 친교할 수 있는 기회를 제공한다.
• 선교와 전도와 봉사할 수 있는 정보를 제공한다.
• 새신자들을 찾아내고 교육시키는 근거지가 된다.
• 전도와 재정확보의 기회를 제공해 준다.
• 남성들로 하여금 세계선교에 관심을 가지고 참여하게 한다.
• 교인들 간에 동료의식을 북돋아 준다.
• 남성들이 교회에 머물도록 도와준다.

9. 남선교회를 이끌어 가는 데 필요한 지침들
- 긴 안목에서 서서히 성장한다. 남성들의 속도에 보조를 맞춘다.
- 남성들이 헌신하지 않는다고 너무 좌절감을 갖지 않는다.
- 남성들의 필요를 충족시켜 준다.
- 제자를 양육하는 데 중점을 둔다.
- 기도와 말씀을 사모하는 분위기를 조성한다.

10. 연합감리교회 남자 성도들에 관한 정보
- 하트포드 신학교 조사에 의하면, 60%가 여성으로 구성되어 있는 회중은 22%만 성장하고, 60%가 남성으로 구성되어 있는 교회는 59%가 성장한다.
- 1946년 이전에 태어난 미국 장년들 중에서 65%가 그리스도를 믿는다고 고백한다. 그러나 1977년 이후에 태어난 장년은 5% 이하의 사람들만 그리스도를 믿는다고 고백한다.
- 2005년 45%의 연합감리교회에서는 한 명에게만 세례를 베풀고 입교 교인으로 받아들였다.
- 연합감리교회 교인들의 평균 연령은 60세이고, 그들 중 3분의 2가 여성이다.
- 교회에 오랫동안 나온 사람들까지 포함해서 대부분의 교인들이 영적으로 성장하지 못하고 있다고 말한다. 소수의 사람들만 다른 사람들에게 증거하고 있다.
- 남자 성도들에게는 이러한 이슈들이 더욱 심각하다. 여자 성도들은 남자 성도들보다 더 영적으로 성숙되어 있다.
- 남선교회 회원들의 평균 연령은 65세로 되어 있다.

(Barna Research Statistics)

11. 평가
(1) 프로그램 자체보다는 관계형성에 중점을 두었는가?
(2) 말보다는 행동으로 보여주었는가?
(3) 우리는 늘 이렇게 해 왔다를 강조하기보다는 남성들의 필요를 충족시켜 주었는가?
(4) 인간의 비위를 맞추기보다는 하나님의 말씀에 근거하였는가?
(5) 약자를 보호하여 주었는가?
(6) 무엇인가 할 수 있도록 힘을 부여하여 주었는가?

※자료와 정보※

*General Commission on United Methodist Men
1000 17th Ave. S, P. O. Box 340006
Nashville, TN 37203-0006
☎ 615-340-7145 or www.gcumm.org
*Free Resources at www.gcumm.org
Expand Your Ministries to Men, a complilation of articles about ministries to men.
Expanding Our Reach, an overviews of United Methodist Men ministries and inoformtion about awards, fundraising projects, and programs.
I Believe You, a discussion guide on intimate partner violence.
United Methodist Men Meditation and Action Guide to DISCIPLE II by Bishop B. Wilke, the principal architect and author of the DISCIPLE series provides a free guide.
All following resources are available from Cokesbury.
☎ 1-800-672-1789 or www.cokesbury.com
* *Get Real: A Spiritual Journey for Men* by Derect Maul
* *Why Men Hate Going to Church* by David Murrow
* *The Hidden Spirituality of Man* by Matthew Fox
* *What God Does When Men Pray* by William Peel
* *Effective Men's Ministry* by Phil Downer
* *Wild at Heart* by John Eldredge
* *Bad Boys of the Bible* by Barbara Essex
* *No More Christian Nice Guy* by Paul Coughlin
*말씀과 생활: 강해 성경공부, 원달준 지음 (Nashville: Cokesbury Press, 2012-2016). 모두 30권으로 되어 있으며, 창세기부터 요한계시록까지 성경 66권 전체를 각 권마다 개별로 공부할 수 있다. 이 성경공부는 성경 말씀 속으로 좀 더 깊이 들어갈 수 있도록 안내하여 주고, 말씀 속에 들어가서 하나님의 음성을 듣고, 하나님을 만나고, 하나님의 뜻을 헤아려 알고, 깨달은 말씀을 조용하게 묵상해 보고 우리의 생활 속에서 적용할 수 있도록 안내해 준다.
☎ 1-866-629-3101 or www.cokesbury.com
* 연합감리교회 특징, www.cokesbury.com

사회부
(Church and Society)

사회부의 목적은 "교인들과 사회에 하나님께서 그리스도를 통하여 가져오신 화해가 개인적, 사회적, 시민적 정의를 요한다는 사실을 보여"주는 데 있다. (장정 ¶1002)

연합감리교회 교인은 "하나님께서 주시는 자유와 능력으로 남을 억압하는 모든 악한 세력과 불의에 대항"하겠다고 고백한 사람들이다. 그리고 "예수 그리스도가 당신의 구세주이심을 믿으며, 그의 은혜를 의지하여 국적, 인종, 성별, 연령, 계급의 차별 없이 모든 사람을 사랑하신 예수 그리스도를 당신의 주님으로 섬기"겠다고 고백한 사람들이다. (찬송과 예배, 세례 예문 중에서)

"오직 성령이 너희에게 임하시면 너희가 권능을 받고 예루살렘과 온 유대와 사마리아와 땅 끝까지 이르러 내 증인이 되리라 하시니라" (사도행전 1:8).

개체교회 사역의 중심지는 우리가 사는 지역사회이다. 그러나 우리의 사역은 우리의 지역뿐만 아니라, 주, 미국 사회, 국제 사회까지 이르러 예수 그리스도의 증인이 되어야 한다.

1. 사회부장의 책임

한인교회에는 사회부라는 조직이 거의 없지만 하나님의 말씀과 행동이 일치되어야 한다는 사실을 오랫동안 강조해 왔다. 연합감리교회를 포함한 미국 개신교는 1950년도와 1965년 부흥했었다. 그러다가 미국 사회의 젊은 층을 잃으면서 쇠퇴하기 시작하였다. 젊은 사람들이 기성세대로부터 실증을 느낀 것 가운데 하나가 교회 안팎의 생활이 다르다는 것이었다. 한국의 개신교회에서도 똑같은 현상이 생기고 있다. 사회부는 우리가 말씀과 행동이 연결되어야 함을 강조하는 부서이다.

(1) 사회원칙을 실현하려고 노력한다.
(2) 사회부 팀 구성, 사회부 활동, 예산을 확보한다.
(3) 교회가 할 수 있는 사회활동을 교회임원회에 제안한다.
(4) 사회문제와 관련된 과제들, 즉 평화와 질서, 인류복지, 인권, 공정한 경제정책, 환경보호와 생존 등의 분야에 대한 연구와 사회활동의 필요성을 알아본다.

(5) 홍보 매개체를 이용하여 교인들의 사회참여 의식도를 높여 준다.
(6) 연합감리교회 사회원칙과 사회문제에 대하여 공부할 수 있는 기회를 마련하고, 지역사회와 국제사회 문제에 응하도록 한다.
(7) 사회문제에 대하여 지방회, 연회, 총회가 제안하는 자료들을 수집하여 개체교회에 제공한다.

2. 사회부장의 선출과 임기
공천위원회의 천거를 받아 구역회에서 선출되며, 임기는 1년이다.

3. 개체교회 사회부가 할 수 있는 일
사회부는 개인, 지역사회, 미국, 구제사회가 직면하고 있는 사회문제에 관심을 가지고 정보를 수집하고 분석한 후 사회문제에 대한 대응책을 강구하여 그 대응책을 실천하도록 선도한다.

- 우리의 삶에서 도전을 받는 이슈들을 놓고 기도한다.
- 우리 교회의 예배를 위하여 기도한다. 우리 교회는 모든 사람을 환대하는가? 우리 교회의 지도자들은 연령적으로 다양한가? 우리 교회는 정의와 평화를 위한 찬양을 하는 교회인가?
- 우리 교회가 강조하는 선교와 사회봉사를 위하여 기도한다. 우리 교회는 불우한 인간의 고통을 덜어 주기 위해 노력하는가? 우리 교회는 이러한 봉사를 위하여 학교, 병원, 구제기관을 설립하였고, 특별헌금을 모아 구제하는 일을 계속 하고 있는가?
- 우리 교회는 사회 속에서 증인이 될 수 있도록 훈련시켜 주고 있는가? 우리 교회는 사회문제를 놓고 세미나 또는 강습회를 주관하고 있는가? 신문, 잡지, 비디오, 책 등 여러 가지 자료를 수집하여 공부하고 하나님의 뜻을 구현하려면 어떻게 해야 할 것인가를 교육시키고 있는가? 이러한 교육이 사회참여의 촉매가 된다.
- 우리 교회는 지역사회에 참여하여 우리가 살고 있는 지역을 변화시키고 있는가? 우리 교회는 사회문제에 대해 각 방면에서 사회정의를 구현하기 위하여 조직적으로 행동에 옮기는 일을 하고 있는가? 그리스도인에게 사회정의는 자유선택의 이슈가 아니라 예수 그리스도께서 본으로 보여주신 신앙지침이다.
- 우리 교회는 긴 안목을 가지고 사회악의 뿌리를 제거하려고 노력하고 있는가? 수준에 못 미치는 교육, 가난한 사람들이 감당할 수 없는 집, 감당할 수 없는 건강보험, 공정하지 않은 임금, 불완전한 고용 등은 사회악의 뿌리가 되는 것들이다.

4. 사회부 사업계획과 추진 방법
(1) 문제와 요구
　가) 문제와 요구에 관한 정보 수집과 우선순위 결정
　나) 문제와 요구를 더 알아낼 것
　• 원인이 무엇인가?
　• 언제, 어디에서 일어난 문제인가?
　• 누가 정보를 가지고 있는가?
　• 왜 이 일에 관심을 가지는가? (신앙적 확신에 대한 질문)
　• 그리스도인으로서 배우고 행할 목표를 선정할 것.

(2) 전략
• 목적을 달성할 수 있는 긍정적인 요소와 달성할 수 없는 부정적인 요소들을 나열하여 본다. 그리고 부정적인 것을 감소시키고 적극적인 것을 강화할 수 있는 일들을 택한다.
　• 누가 무엇을 할 것인가 결정하라.
　• 계획을 집행하기 위해 필요한 예산은 얼마나 되는가?
　• 우리교회가 이 문제에 개입할 수 있는가?

(3) 사회에 참여할 수 있는 12가지 방법
• 지역사회, 주, 미국, 세계의 지도자들을 위하여 기도한다.
• 정보를 수집한다.
• 사회원칙에 대하여 교육시켜 준다.
• 연합감리교회 사회부가 출판하는 Faith in Action을 구독한다. (www.action.umc-gbcs.org/signuppage/joinnetworks)
　• 회원을 모집한다.
　• 우리 교회와 사회에 걸맞는 특별한 사회 이슈를 선정한다. 그것이 무엇인가? 우리가 무엇을 어떻게 할 수 있는가?
　• 특별한 이슈의 내용을 홍보한다. www.bread.org가 좋은 본보기 가운데 하나이다.
　• 사회 이슈에 대한 공개 토론을 제공한다.
　• 선거 때가 오면 투표할 것을 권면한다.
　• 선거 본부에 연락한 후 개체교회 투표를 위한 등록을 접수한다.
　• 이슈에 대하여 토의하고 의견을 나눈다.
　• 도움을 청한다. 우리 교회에서 이러한 이슈에 관심있는 사람은 누구일까? 자연환경에 관심있는 사람은 누구일까? 빈곤퇴치에 관심있는 사람은 누구일까? 젊은 사람들이 세상을 변화시키기 원하는 것은 무엇일까?

(4) 계획, 활동, 그리고 평가
• 프로그램을 누가 책임지고 진행할 것인지를 결정하고, 또 필요한 경비도 얻도록 한다.
• 계획이 재가가 나면 일을 추진한다.
• 평가한다. 필요하면 새 전략을 세워 다른 문제를 취급할 수도 있다.

6. 정의의 의미는 무엇인가?

"사람아 주께서 선한 것이 무엇임을 네게 보이셨나니
여호와께서 네게 구하시는 것은
오직 정의를 행하며 인자를 사랑하며
겸손하게 네 하나님과 함께 행하는 것이 아니냐"
(미가서 6:8).

"정의를 행하"는 것은 무엇을 의미하는가? 미조리주 세인트루이스에 사는 15세 된 소녀가 대답하였다: "정의는 예수님이 지금 여기에 계시다면, 이 세상을 예수님이 원하시는 대로 만드는 것이다."

7. 총회특별헌금
사회부는 교회가 세상의 소금과 빛의 역할을 다하도록 기도하고 봉사하는 부서이다. 사회부의 의무를 감당하기 위하여 연합감리교회 총회에서는 전 교회적으로 하는 특별헌금을 다음과 같이 정했다.
• 인간관계주일 (Human Relations Day): 이 주일은 마틴 루터 킹 목사 생일 전 주일에 지키며, 미국과 푸에르토리코 지역에서 사회 정의 사역을 강조하는데 사용된다. 특히 이 특별헌금의 90%를 총회 선교부에서 관할하고 있지만 10%의 특별헌금은 청소년 범죄자 재활 사업을 위하여 총회사회부에서 관할하고 있다.
• 세계평화주일 (Peace with Justice Sunday): 이 주일은 오순절 후 둘째 주일에 지키며, 헌금 액수의 50%는 연회에서 평화와 정의를 위하여 사용되고, 나머지 50%는 총회사회부에서 관할한다.

8. 교회가 하지 말아야 할 것
사회부장은 교회가 어느 특정한 후보나 정당을 경제적으로 후원하지 못하도록 인도해야 한다. 이러한 일은 정부로부터 교회가 세금 면제 혜택을 받지 못하도록 만들 위험에 처하게 된다.

※자료와 정보※

＊General Board of Church and Society
www.umc-gocs.org.
＊www.umc-gbcs.org/conference-connections. Local church grants in the service of justices.
＊장정 2016 (The United Methodist Publishing House), ISBN: 9781501833311.
☏ 866-629-3101 or www.cokesbury.com
＊한국어 사회원칙 (General Board of Church and Society, 100 Maryland Ave., NE, Washington, D. C. 20002). 장정에도 포함되어 있음.
＊*The Book of Resolutions, 2016* (The United Methodist Publishing House). 연합감리교회가 사회정의를 강조하는 내용들을 담은 책. 주문: ☏ 866-629-3101 or www.cokesbury.com
＊www.umc-gbcs.org/store 사회참여와 관련된 자료들을 구입할 수 있다.
＊United Methodist Seminars on National and International Affiars. These seminars are educational, interactive, faith-forming, thought-provoking, and fun. Seminars are tailor-made for each group, which selects the topics. The design team at the General Board of Church and Socieity creates a seminar to answer questions, challenge assumptions, and open the gorup to reflection on the chosen issues. Recent topics include hunger, immigration, peace, racism, and health care.
＊*Justice in Everyday Life* by Howard J. Mason and Neal Christie (Nashville: Discipleship Resources, 2007), ISBN: 9780881774917. Insturction on how to teach the Social Principles.
＊*"Living Our Principles"* is a 6-episode DVD film series that illustrates how United Methodist put into practice the Social Principles. Each episode focuses on a different section of the Social Principles and the people who live them out through education, advocacy and organizing. To order the series or to host or attend a screening and discussion, to www.livingourprinciples.org

포용적인 교회
(Advocates for Inclusiveness through
Religion and Race, and Status and Role of Women)

"포용성이란 모든 사람들이 교회생활과 지역사회와 세상에 참여할 수 있도록 문호를 열어 주며, 이들을 받아 주며, 후원하여 주는 것을 뜻한다. 그러므로 포용정신은 어떠한 형태의 차별도 허용하지 않는다. 연합감리교회의 각 개체교회 예배는 모든 사람들에게 개방되어 있어야 한다.

포용적인 사회의 특징은 모든 사람들이 교회생활과 지역사회와 세상에 전적으로 참여할 수 있도록 사람들에게 문호를 열어 주며 이들을 받아 주며 후원하는 것이다. 이것은 더 나아가 교회 행사를 장애인을 위한 시설이 준비되어 있는 곳에서 행하는 것도 뜻한다.

연합감리교회에서 말하는 포용성이란 연합감리교회 장정이 규정한 바, 교인이 되고 지도자가 될 자격을 갖춘 모든 사람들이, 어느 레벨이든 또는 어느 곳이든, 교회생활 전반에 걸쳐 이에 전적으로 참여할 수 있는 자유를 뜻한다." (장정 ₱140 교회의 선교와 사역, "포용하도록 부르심을 받음"에서)

한인교회에는 인종관계나 여권신장을 위하여 특별히 부서를 조직한 교회는 거의 없다. 그러나 우리와 우리의 자녀들이 사회에서 차별받지 않도록 하기 위해서는 우리 스스로가 솔선수범하여 개체교회나 가정에서 인종, 여성, 지연과 학연, 신체장애인차별 퇴치운동에 앞장서야 한다. 우선 소수민족을 비하하는 용어들을 사용하지 말아야 한다. 그리고 여성을 희롱하는 용어들을 사용하지 말아야 한다.

다양성은 하나님께서 원하시는 것이다. 포용성은 인간관계를 세워 나가는 데 있어서 다양성을 가치관으로 인정하는 것이다. 포용성을 옹호하는 공동체는 모든 사람이 그들의 재능을 활용할 수 있도록 기회를 제공하여 주며, 하나님의 자녀도 가치를 부여하여 주고 존경하려고 노력한다. 포용적인 교회는 다양한 음성과 관점과 아이디어와 경험들을 인정할 뿐만 아니라 그들의 음성을 들으려고 애쓴다. 우리가 함께 생활하고 예배 드리고 있는 개체교회와 세상에 존재하는 인종차별과 성차별을 퇴치하도록 부름받은 사람들이다.

1. 인종관계부장과 여권신장부장의 책임
 (1) 인종차별 및 성차별 퇴치활동을 위한 팀을 구성한다.
 (2) 교회임원회와 회중에게 인종차별과 성차별에 대해 인식을 일으키고, 또한 그와 관계된 프로그램을 보고한다.
 (3) 교회 안에서 인종차별과 성차별의 태도와 행위와 제도를 없애기 위한 프로그램을 개발하고 모든 사람이 모든 교회 부서에 참여할 수 있도록 장려한다. 특별히 공동체와 세계 정의와 화해를 위한 교육 프로그램을 실시한다.
 (4) 사회에서 인종차별과 성차별을 퇴치하기 위하여 노력한다.
 (5) 담임목사와 상의하여 다른 인종과 여성의 평등권을 장려할 수 있는 예배, 친교, 증거, 양육, 봉사를 위한 프로그램을 교회임원회에 제안한다.
 (6) 교회임원회에서 인준되고 인종관계위원회에 위임된 프로그램의 이행 예산, 평가 등을 계획한다.
 (7) 인종차별과 성차별이 없는 모델을 회중에게 교육시키고 제시한다.
 (8) 인종관계부장은 직책상 교회임원회와 구역회의 회원이 된다.

2. 인종관계부장과 여권신장부장의 선출과 임기
 공천위원회의 추천을 받아 구역회에서 선출되며, 임기는 1년이다.

3. 신학적인 근거
 성경은 모든 사람이 하나님의 형상에 따라 지음을 받았다고 말해 준다. 그러므로 사람들은 하나님의 가족 안에서 살도록 지음 받은 자녀들이다. 우리는 하나님의 부르심을 들으면서 하나님과 이웃과 올바른 관계를 맺으며 살라고 성경 전체가 우리에게 말하여 주고 있다.

인종차별주의란 무엇인가?
 "인종주의란 두 가지 관점을 겸한 것으로서, 하나의 인종이 다른 인종들을 지배하는 힘에 더하여, 지배하는 인종이 다른 인종들보다 원래 우월하다는 가치관을 결합한 것을 말한다. 인종주의는 개인적 및 제도적인 차별주의를 둘 다 포함하고 있다. 개인적인 인종차별은 개인적인 언동이나 태도 또는/및 행동을 통하여 나타나는 것으로서, 이는 차별주의의 가치관을 받아들이고 이런 사고방식이 주는 이점을 유지하려는 데에서 비롯된다. 제도적인 인종주의는 이러한 차별적 가치관을 은연중 또는 노골적으로 지지하는 사회체제를 말한다 인종주의는 죄이며, 복음 자체를 거역하는 것 못지 않게 그리스도와의 관계를 저해하고 마비시킨다." (장정, P162.A 사회생활 원칙, "사회적 공동체" 중에서)

인종차별을 보여주는 용어에는 다음과 같은 것들이 있다.

편견: 편견은 지식이나 생각이나 이성에 근거하지 않은 호의적이 아닌 판단이나 감정을 뜻한다.

편협한 신앙: 편협한 신앙은 나와 다르게 생각하는 신앙과 신조나 의견이나 그룹에게 참을성을 보여주지 못하는 것이다.

차별주의: 편견에 근거한 집단적인 행동이나 정책을 말한다.

고정관념 (스테레오판): 개인이나 그룹의 특정한 고정개념이나 상징을 과도하게 단순화시킨 이미지를 말한다.

인종차별: 인종차별은 한 인종이 다른 인종보다 우월하다고 생각하고 학대하는 것이다. 이러한 학대는 언어나 행동을 통하여 나타난다.

성차별주의란 무엇인가?

성차별주의란 남성은 강하고 여성은 약하다는 주장과 가치관을 체제화시키는 것이다. 인종차별주의와 같이 어느 태도나 행동이나 제도가 여성들이 정치, 경제, 사회면에서 책임 있는 사회인으로 참여하려 할 때 여성은 열등하다고 배제하는 것이 성차별주의이다. 성차별주의는 문화적으로 동화되어 있을 때가 많고, 사회적으로 활성화되어 있을 때가 많다. 성차별주의는 남을 괴롭히고, 차별하고, 억압하는 것으로 나타나는 영적이고 사회적인 악이다.

마태복음 5:21-26에서 예수께서는 스스로 우월하다고 생각하는 사람들이 다른 사람들을 미련한 사람이라 칭하며 모욕하는 것에 대해 말씀하신다. 예수님에게는 이러한 태도가 마음으로 살인하는 것과 다를 바가 없다. 예수님은 옛 사람에게 살인하지 말라고 적힌 계명을 말씀하고 계신 것이다. 남에게 화를 내고, 남을 모욕하고 조롱하는 사람은 성경이 가르치는 인간의 신성함과 존엄성을 배우지 못한 사람이다.

교회 내에서 인종차별과 성차별을 없애는 일은 우리 모두가 그리스도 안에서 하나가 되게 하여 주는 일이다. 모든 사람은 하나님의 형상대로 지음을 받았다. 따라서 모든 사람은 피부 색깔, 언어, 국적, 계급, 교육, 성, 생활양식을 초월하여 하나님의 자녀들이다. 우리 모두는 하나님의 창조 질서에 따라 다양하게 창조되었고 서로 다른 선물로 주어진 하나님의 가족이다. 우리 모두는 사도 바울이 말한 바와 같이 유대인이나 헬라인이나 종이나 자유인이나 남자나 여자나 다 그리스도 예수 안에서 하나이다.

성차별주의: 남성은 강하고 여성은 약하다는 주장과 가치관을 체제화시키는 것이다. 여성들이 정치, 경제, 사회면에서 책임 있는 사회인으로 참여하려 할 때 여성은 열등하다고 배제하는 것이 성차별주의이다.

성적 비행: 성스러운 신뢰를 배반하는 행동이다. 상대방이 원하지 않는 성관계를 요구하는 행동이다. 성학대, 폭력, 강간 등이 여기에 포함된다.

성희롱: 성은 하나님이 주신 선물이다. 이 선한 선물의 악용이 곧 성희롱이다. 원치 않는 성의 언사나 요구나 접근(말로 하는 것이나 몸으로 하는 것이나)을 당사자가 추잡하거나 위협적이거나 강압적인 것으로 받아들일 때, 이를 우리는 성희롱이라고 규정한다.

성의 악용: 하나님께서 우리에게 천부의 권리로 주신 우리의 인간성을 파괴하는 모든 성적인 행위를 말한다. 성의 악용은 개인과 가정과 사회질서를 파괴하는 행위이다.

4. 일의 착수

(1) 인종관계부장과 여권신장부장의 책임과 인종문제와 여성문제에 관한 연합감리교회의 신학적 입장과 역사적 위치를 이해한다. (연합감리교회의 장정과 사회원칙은 교단의 신학적 입장과 위치를 기록한 책들이다.)

(2) 담임목사와 상의하여 책임을 잘 수행한다.

(3) 인종관계와 여권신장에 관한 자료의 출처를 알고 필요한 자료들을 수집하고 활용한다.

(4) 감리사나 연회 사무실을 통해 지방회와 연회의 인종관계위원회와 여권신장위원회 책임자들의 이름을 얻고 그들에게 자신의 성명과 주소를 주어 자료의 공급과 조언을 받도록 한다.

(5) 교인들 가운데 다른 인종이 있거나 지역사회에 다른 인종이 산다면 그들과 가까이 지낸다.

(6) 교회 지도자들과 대화를 나누면서 함께 일할 수 있는 길을 찾는다.

(7) 교회(합동)임원회에 정규적으로 참석하여 인종차별과 성차별이 없는 교회를 만들기 위하여 도움을 주도록 한다.

(8) 가능한 한 다른 인종들과 개인적인 관계를 유지함으로써 자신의 태도와 행동이 모든 인종을 포용할 수 있도록 노력한다.

(9) 개인이나 회중에게 영향을 미칠 인종차별주의와 성차별주의에 대하여 알아 두고 이러한 이유에 관심이 있는 사람들을 모집한다.

(10) 회중을 교육시킨다.

(11) 국제결혼 한 가정들을 위한 사역을 생각해 본다.

※자료와 정보※

*General Commission on Religion and Race
110 Maryland Ave., NE, Suite 400,
Washington, D. C. 20002.
☎ 202-547-2271, Fax: 202-547-0358.
Email: info@gcorr.org.
Website: gcorr@erols.com or www.umc.org/gcrr
*General Commission on the Status and Role of Women,
Suite 1009, 77 Washington Street
Evanston, IL 60202.
☎ 312-346-4900 or 1-800-523-8390
Fax: 312-346-3986. Email: gcsrw@gcfa.org
Website: www.gcrw.org and www.umsexualethics.org
* 장정 2016 (The United Methodist Publishing House), ISBN: 9781501833311. 주문: ☎ 866-629-3101 or www.cokesbury.com
* 한국어 사회원칙 (General Board of Church and Society, 100 Maryland Ave., NE, Washington, D. C. 20002). 장정에도 포함되어 있음.
* *The Book of Resolutions, 2012* (The United Methodist Publishing House). 연합감리교회가 사회정의를 강조하는 내용들을 담은 책. 주문: ☎ 866-629-3101 or www.cokesbury.com
* *Overcoming Racism's Economic Legacies* by J. Phillip Wogaman. All these resources produced jointly by the General Board of Church and Society and the General Commission on Religion and Race. Available from the General Commission on Religion and Race.
* *Quest for inclusivewness: Firsthand Perspectives on Cross-Racial and Cross-Cultural Ministry in The United Mehtodist Church* by Dr. Austin Frederick, Jr. (John Wesley Press for Southwest Texas Conference, UMC, San Antonio, 2005).
* *Sexual Abuse in Christian Homes and Churches* by Carolyn Holderread Heggen (Herald Press, 1966).
* www.umsexualethics.org for resources and information on sexual misconduct in ministerial relationships between adults.

고등교육과 학원선교
(Higher Education and Campus Ministry)

"교육 기관과 학원선교 기구를 육성하고 유지하는 프로그램이 교회생활에 있어 귀중한 자산임을 교회가 인정하도록 장려한다." (장정 ¶1410.4.c)

연합감리교회는 요한 웨슬리 목사가 옥스포드대학 킹스칼리지에서 신성클럽과 성도회를 조직하여 학원선교를 시작한 이후 250년 동안 학원선교를 계속하고 있다. 연합감리교회는 북아메리카에 1200개 이상의 학교를 세워 학원선교에 종사한 교단이다. 오늘날 연합감리교회는 10개의 종합대학교, 13개의 신학교, 82개의 인문대학, 3개의 2년제 대학, 1개의 전문 의과대학, 10개의 대학 예비학교와 관련을 맺고 있다. 그리고 3개의 여자대학과 11개의 흑인대학이 있다.

그리고 연합감리교회와 관련되어 있지 않은 800여 대학교에서도 학원선교를 활발하게 하고 있다. 연합감리교회는 미국의 개신교 중에서 고등교육에 가장 크게 공헌한 교단 중에 하나이다.

연합감리교회는 최소한 네 가지 방법으로 학원선교를 지원하고 있다.
• 연합감리교회 대학선교
• 초교파적 학원사역
• 연합감리교회에 관계된 대학과 대학교 교목
• 개체교회에 가까운 학교를 위하여 하는 학원선교

학원선교를 통하여 하는 사역은 개체교회에서 하는 사역과 비슷한 점이 많이 있다. 예배, 성경공부, 봉사활동, 상담, 속회, 공동체 행사 등.

1. 고등교육과 학원선교부장의 책임
(1) 회중에게 학원선교 사역의 중요성에 관심을 가지도록 알린다.
(2) 교회와 세상을 위한 지도자 개발에 신경을 쓴다.
(3) 회중에게 고등교육과 학원선교를 지원하도록 장려한다.
(4) 개체교회와 교회임원회로 하여금 학원선교에 관심을 가지도록 한다.
(5) 개체교회가 연회나 총회 학원선교 프로그램을 후원하도록 권장한다.
(6) 학생들이 다니는 학교와 관련된 장학금을 소개해 준다.
www.gbhem.org/loanandscholarships

(7) 하나 (HANA, Hispanic, Asian, Native American의 약자) 장학금을 설명해 주고, 연합감리교가 제공하여 주는 여러 종류의 장학금에 대하여 개체교회가 신청하는 방법을 알려 준다.

(8) 연합감리교회 대학들을 고등학생들에게 소개해 주고 연합감리교 학원선교에 참여하도록 장려한다. www.gmhem.org/findyourplace

(9) 개체교회에 있는 대학생들을 위한 선교 프로그램을 계획한다.

(10) 연합감리교 학생주일과 세계성찬주일을 지킴으로써 연합감리교 대학생 장학금 및 융자금에 기부하도록 이끈다.

(11) 연회 안에 있는 연합감리교회와 관련되어 있는 대학들과 학원선교를 후원한다.

(12) 교회임원회와 구역회의 자동회원이 된다.

(13) 목사가 될 자질이 있는 학생들을 접하게 되면 목사 후보생으로 목회위원회에 추천한다.

(14) 고등교육과 학원선교 분야에서 일하는 사람들을 초청하여 친목을 강화해 준다.

(15) 개체교회 근처 대학에서 예배 보러 오는 학생들을 따뜻하게 환대해 준다.

(16) 개체교회의 예배 시간과 행사를 대학교에 홍보하고 또한 학교 행사를 교회에 홍보해 준다.

(17) 교목실에 연락하여 공휴일 (감사절이나 크리스마스) 때 집에 가지 못하는 학생들을 초대하여 환대해 준다.

2. 고등교육과 학원선교부장의 선출과 임기

공천위원회의 천거를 받아 구역회에서 선출하며, 임기는 1년.

3. 일의 착수

(1) 총회고등교육부와 상의한다. ☎ 615-340-7402; 편지로 요청할 경우: P. O. Box 340007, Nashville, TN 37203-0007. scu@gbhem.org or www.gbhem.org/asp/campusmin.asp

(2) 학원선교에 관계하고 있는 사람들을 알아 둔다.

(3) 연합감리교회 대학들과 연회가 후원하고 있는 학원선교에 대하여 알아 둔다.

(4) Interpreter의 "고등교육 및 학원선교" 난을 읽고 개체교회 활동에 적용시킨다.

(5) 연회와 총회의 프로그램을 교회에 설명하고 후원한다.

4. 연합감리교회와 고등교육

연합감리교회의 장학금 프로그램은 미국 교회계통 장학금으로서는 가장 오래되고 규모가 큰 것이다. 1872년에 처음으로 한 학생에게 장학금을 대여해 준 이래 이 프로그램은 50만 명 이상 수많은 대학 및 대학원생들을 도와주었다.

장학금 대여 프로그램은 소위 회전기금처럼 운영된다. 대여금을 받은 사람이 그것을 다시 갚게 되면, 그 돈은 새로운 학생에게 다시 대여된다. 이 장학대여금을 받을 수 있는 학생은 연합감리교인으로서 학위 프로그램에 등록한 학생이어야 하며, 성적은 적어도 평균 C는 유지해야 한다. 이 기금은 주로 학생주일 헌금으로 충당된다.

한국학생들이 연합감리교회가 제공하는 여러 개의 장학금을 탈 수 있지만, 그 중에서도 소수민족 학생들에게 제일 많이 관련되어 있는 장학금이 HANA 장학금일 것이다. 이 장학금은 매해 1월 1일부터 서류를 얻을 수 있고, 장학금 신청 마감일은 4월 1일이다. 마감일에 늦으면 다음 해까지 기다려야 한다.

장학금의 종류 (Information, go to www.gbhem.org)

—The Gift of Hope Scholars Program (for undergraduates who demonstrate strong leadership in the UMC)

—Ethnic Minority Scholarship (for undergraduates of Native American, Asian, African American, Hispanic. or Pacific Islander descent)

—Brandenburg Scholarship (for students thirty-five years of age or older)

—The Edith Allen Scholarship (for African American graduates or undergraduate students pursuing a degree in education, social work, medicine, or other health professions)

—HANA Scholarship (for students born of Hispanic, Asian, Native American, or Pacific Island parentage-either uppper level undergraduate or graduate and doctoral students)

—The Bishop James Baker Award (for campus ministers)

—The Rosalie Bentzing Scholarship (for deacons pursuing the Ph.D. in Christian Education)

—the Special Serminary Scholarship (for stduents thirty years of age and under pursuing an M.Div. degree at a United Methodist-related seminary or theologcial school)

6. 개체교회에서 할 수 있는 일

• 개체교회 출신으로 대학에 가 있는 대학생들에게 교회에서 하는 사역의 내용들을 알려 준다.

• 지역사회에 대학교가 있으면 학생들을 초청하여 예배에 참석할 수 있도록 홍보하고 편리를 주선해 준다.

• 연합감리교회 총회에서 제정한 특별헌금에 참여하도록 권장한다. 연합감리교회가 제정한 고등교육과 학원선교 사역과 관련된 특별헌금은 두 개의 특별헌금을 통해 이루어진다.

첫 번째 특별헌금은 연합감리교회 학생주일 특별헌금이다. 이 헌금은 11월 마지막 주일에 지키지만 개체교회의 형편에 따라 적절한 주일에 지켜도 무관하다. 이 헌금의 목적은 학생들에게 지식과 신앙이 하나 되는 삶을 가르쳐 준비하는 데 있다. 이러한 목적으로 고등교육국에서 연합감리교 대학 장학금, 장학대여금 등으로 사용된다. 개체교회는 그것에 대한 정보와 서류를 입수하면 도움이 된다. 학생주일에 하는 특별헌금의 10%가 장학금을 위하여 각 연회에 할당된다.

두 번째 특별헌금은 10월에 거행하는 세계성찬주일 헌금이다. 그러나 개체교회가 정한 적절한 날에 지켜도 된다. 세계성찬주일의 목적은 전 교회가 하나 됨을 가르치는 데 있다. 또한 소수민족 사람들이 여러 가지 사역에 종사하도록 돕는 데 있다.

세계성찬주일에 거둔 금액의 35%는 소수민족 장학 프로그램에 사용하고, 15%는 소수민족 현직 훈련 프로그램에 사용한다. 나머지 50%은 세계선교부에서 미국 밖의 사역을 위하여 사용한다.

• 개체교회 대학생들의 명단을 연합감리교 웨슬리 대학선교회 책임자에게 보낸다.

• 하나 (HANA) 기금에 대한 선전문을 소수민족 교인들에게 나누어준다.

• 방학 때 대학생들을 위한 친교 모임을 주선한다.

• 담임목사와 상의하여 연합감리교 학생주일을 꼭 지키고 연합감리교 장학금을 받은 학생이 있으면 예배순서를 맡게 한다.

• 개체교회 학생들을 연회 혹은 총회 장학금 프로그램에 추천한다.

The Office of Loans and Scholarships
P. O. Box 340007, Nashville, TN 37203
or 615-340-7346 for loans; or 615-340-7344 for scholarships.
www.gbhem.org/edcuation

※자료와 정보※

＊General Board of Higher Education and Ministry
The Division of Higher Education
P. O. Box 340007, Nashville, TN 37203-0007.
☎ 615-340-7402 or www.gbhem.org

＊College Bound. A guide to selecting a college, with information about United Methodist schools, colleges, and universities as wells loan cna scholarship information. Available from Cokesbury at 1-800-672-1789 or www.cokesbury.com

＊Exploration. Here is a chance for students in your church to spend three days with other young people, high school seniors through age twenty-four, who are exploring ordained ministry. Exploration is an informative and discerning weekend of worship, Bible study, prayer, workshops, and small group discussions. The event is held on a regular basis, as a national event in some years and by jurisdiction in other years. If you know students who are interested in ministry, tell them about Exploration and help send them to the event.

For information visit www.gbhem.org/exploration.

＊www.ExploreCalling.org
＊www.gbhem.org/education
＊www.gbhem.org/campusministry
＊www.gbhem.org/loansandscholarships
＊www.gbhem.org/campmin, UM-related Campus Mnistries and Chaplains
＊www.umcgiving.org, Special Sundays with Offerings

3. 증거사역부
(Witness Ministries)

전도
(Evangelism)

　개체교회의 사명은 교회 밖에 있는 사람들에게 전도하고, 그들을 교회로 환영하여, 예수 그리스도를 주님이시요 구세주로 고백하도록 도와주고, 그들을 믿음으로 양육시켜 세상 속에서 성령의 인도하에 그들이 예수 그리스도와 관계를 유지하며 제자로서 살 수 있도록 도와주는 데 있다.

　전도는 하나님께서 예수 그리스도를 통하여 역사하시는 치유와 구원의 기쁜 소식이다. 그러므로 전도사역의 목적은 사람들로 하여금 예수 그리스도께서 베푸시는 치유와 구원을 체험할 수 있도록 도와주는 사역이다. 그러나 전도사역은 예수 그리스도와 관계를 맺고 체험하게 도와주는 사역에서 끝나는 것이 아니다. 전도는 한 걸음 더 나아가 새신자들을 교회 멤버로 만드는 데 목적이 있는 것이 아니라 예수 그리스도의 영으로 훈련받은 제자들이 될 수 있도록 인도해 주는 것이다. 궁극적으로 제자들은 다른 제자를 삼는 일에 개입하여야 한다. 이렇게 제자를 삼는 사역과 연관을 맺지 아니하는 전도는 제자로서 활동하지 아니하는 교인을 길러내게 된다.

1. 전도부장의 책임
　(1) 교회임원회 회원으로 참여하여 전도사역을 대변한다.
　(2) 전도부서(5-12명 정도)를 인도하고 전도사역을 계획한다.
　(3) 담임목사와 상의하여 교회가 성장할 수 있는 길을 모색하고, 교회에 처음 나온 새신자를 보살핀다.
　(4) 하나님께서 우리교회를 들어 쓰시는 것을 생각하면서 목표를 설정한다.
　(5) 사람들을 찾아가고, 그들을 교회로 받아들이고, 그들로 하여금 하나님과 관계를 맺도록 도와주고, 그들을 훈련시켜 세상 속으로 들어가 사역할 수 있는 제도를 구상한다.
　(6) 교회에 적을 두고 있으나 교회에 나오지 않는 사람들을 심방한다.

(7) 교회 멤버들의 주소와 전화번호를 늘 새롭게 정리해 둔다.
(8) 교회의 주보를 주일예배에 참여하지 못한 사람들에게 우송한다.
(9) 전도를 위한 훈련의 기회를 마련하며, 자료를 제공하고, 연중 전도 프로그램을 계획한다.
(10) 교회에 나오지 아니하는 사람들을 교회로 초청할 프로그램을 계획한다.
(11) 교인들의 영적 성장 발전을 위하여 신앙서적을 보급한다.
(12) 새신자를 의도적으로 꾸준히 접촉하여 전도할 수 있는 길을 모색한다 (방문자 명단을 만든다. 교회 소개물, 심방, 편지, 교회에 자연스럽게 소속될 수 있는 길을 배려함 등).
(13) 새신자가 기존 그룹에 자연스럽게 연결되고 정착할 수 있는 길을 모색한다.

2. 전도부장의 선출과 임기

공천위원회의 천거를 받아 구역회에서 선출되며, 임기는 1년이다.

3. 전도사역을 어떻게 시작할까?

전도는 예수 그리스도 안에서 역사하신 하나님의 기쁜 소식을 들고 세상 속으로 들어가 사람들을 찾아가서 교회로 초청하는 사역이다. 전도를 안 하는 교회나 개인은 영적으로 쇠퇴하여 갈 뿐만 아니라 결국 영적으로 죽어 가게 된다. 그러므로 성장하고 발전하기를 원하는 교회와 교인은 전도에 열심을 내야 한다.

예수 그리스도의 기쁜 소식에 사람들을 초대하고, 그들로 하여금 하나님과 관계를 맺으며 예수 그리스도의 제자로서 살 수 있도록 돕는 것보다 더 중요한 사역은 없을 것이다. 예수께서 제자들에게 분부하신 대사명은 교회가 취사선택할 수 있는 것이 아니다. 교회는 가서 모든 민족을 제자로 삼고, 세례를 베풀고, 가르쳐 주고, 지키게 해야 한다.

전도부장은 무엇을 어떻게 시작하면 될까?

전도부장과 전도부서는 우선 몇 가지 간단한 질문을 해 보아야 한다. 우리 교회 장점은 무엇이고, 지금 어디에 초점을 두고 있는가? 우리 교회는 교회 안에서 믿음을 강조하는 데에 그치는가, 아니면 세상에서 믿음을 생활과 연관시키는 데까지 강조하는가? 우리 교회가 더 넓게 사역해야 할 부분은 무엇일까?

(1) 전도사역팀을 구성한다.

전도사역팀은 5-12명으로 구성한다. 영접위원들을 전도사역팀 멤버로 사역할 수 있도록 하면 효과적이다. 전도는 궁극적으로 성령님의 역사이다. 전도사역팀은 항상 기도로 시작하라.

(2) 교회의 분위기를 파악한다.

교회의 분위기는 회중의 태도와 대인관계에 따라 좌우된다. 그리고 태도와 대인관계는 개인이 하나님과 어떠한 영적 관계를 가지고 성장하고 있느냐에 좌우된다. 다시 말해서, 교회의 분위기는 개인의 영적 생활과 밀접한 관계가 있다. 개인이 영적으로 성장하도록 도와주기 위해 소그룹을 통하여 체험할 수 있는 기회를 마련해 주고, 성경공부를 강조하고, 개인으로 하여금 개체교회의 사역과 선교에 개입하도록 도와주어야 한다.

(3) 함께 공유할 수 있는 비전을 개발하라.

비전은 보이지 않는 것을 볼 수 있게 하여 주고, 원하는 미래상을 볼 수 있게 하여 주고, 바라는 것을 보여주는 청사진 역할을 하는 특수한 수단이다. 비전은 성장을 위하여 절대적으로 필요한 것이다. 적극적인 비전은 에너지와 방향을 제공하여 준다. 교회임원회도 이 비전을 자신들의 비전으로 받아들여야 한다.

(4) 계획한다.

계획하지 않으면 실패한다. 활발하지 않은 교회는 계획하지 않는다. 활발한 교회는 구체적으로 전도할 계획을 한다. 이들은 사람이 있는 곳으로 찾아가서 초청하고, 교회로 받아들이고, 하나님과 만나 관계를 맺을 수 있도록 도와주고, 양육시켜 주고, 세상으로 다시 내보낸다.

(5) 계획한 것을 행동으로 옮긴다.

시작이 반이라는 격언이 있다. 행동은 변화를 가져온다.

예수께서는 "섬김을 받으려 함이 아니라 도리어 섬기려" 오셨다고 하셨다 (마태복음 20:28). 예수께서는 또한 "내가 너희에게 행한 것 같이 너희도 행하게 하려 하여 본을 보였노라"고 말씀하셨다 (요한복음 13:15). 예수님의 제자들은 남을 위하여 봉사하는 사람들이다.

4. 우리 교회가 잘 성장하고 있는지 또는 아닌지를 어떻게 알 수 있나?

- 우리 교회에 나오고 있는 사람들의 신앙이 성장하고 있는가?
- 교인들이 그리스도의 가르침에 따라 생활하고 있는가?
- 성경, 기독교의 가르침, 기독교의 역사에 대한 지식이 날로 자라나고 있는가? 초보지식에서 벗어나 더 진보하고 있는가?
- 교인들의 삶을 통하여 그리스도인의 모습이 나타나고 있는가?

• 교인들이 필요로 하는 것을 알아본 후, 그 필요를 충족시켜 주려고 노력하고 있는가?
• 교인들이 교회가 삶의 의미를 부여해 주고 기쁘게 만들어 주는 곳으로 생각하는가?
• 새신자들의 필요에 따라 그들이 적응할 수 있도록 예배 형태를 바꾸고 있는가? 교인들의 필요와 흥미에 따라 새로운 방법을 추구하고 있는가?

5. 우리 교회는 방문객을 환영하는가?

다음의 질문들은 우리 교회가 방문객들에게 민감한지 아닌지를 알아보는 짧은 설문지이다. (5번과 6번을 제외하고 "예"하면 10점이다.)
(1) 주차장 시설이 잘 되어 있는가?   예___ 아니오___
(2) 방문객이 주차할 수 있도록 표시되어 있는가?   예___ 아니오___
(3) 주차장에 안내원이 있는가?   예___ 아니오___
(4) 방문객들을 위하여 주차장, 화장실, 육아실, 예배실, 주일학교 등을 안내하는 표시가 잘 되어 있는가?   예___ 아니오___
(5) 주차장에서 안내를 할 경우 (다음의 두 개는 5점씩)
　ㄱ. 안내위원이 친절하게 방문객을 환영하는가? 예___ 아니오___
　ㄴ. 예배 안내위원에게 방문객 이름을 전해 주는가? 예___ 아니오___
(6) 예배 안내위원이 안내할 경우 (다음의 질문은 2점씩)
　ㄱ. 방문객을 자리에까지 안내하여 주는가?   예___ 아니오___
　ㄴ. 방문객에게 주보를 주는가?   예___ 아니오___
　ㄷ. 방문객을 교인에게 소개하여 주는가?   예___ 아니오___
　ㄹ. 방문객을 위한 배지나 리본을 달아 주는가? 예___ 아니오___
　ㅁ. 방문객이 육아실을 필요로 할 경우에 그곳까지
　　　안내하여 주는가?   예___ 아니오___
(7) 교인들이 이름표를 다는가?   예___ 아니오___
(8) 방문객들의 이름, 주소, 전화번호를 적어 두는가? 예___ 아니오___
(9) 회중이 방문객을 환영하는가?   예___ 아니오___
(10) 목사가 예배 중에 방문객을 소개하는가?   예___ 아니오___
(11) 예배 보러 온 사람들이 방문객의 이름을 다른 사람에게 소개하여 주는가?   예___ 아니오___
(12) 방문객을 의도적으로 친교실에 초청하는가?   예___ 아니오___
(13) 친교시간이 있으면 방문객을 소개하여 줄 사람이
지정되어 있는가?   예___ 아니오___

(14) 방문객에게 교회 전체 시설을 보여 주는가? 예___ 아니오___
(15) 방문객을 성경공부반에 초대하는가? 예___ 아니오___
(16) 방문객에게 담임목사를 소개하여 주는가? 예___ 아니오___
(17) 방문객을 후원하는 책임자가 있는가? 예___ 아니오___
(18) 방문객을 새신자반에 등록하게 초청하는가? 예___ 아니오___
(19) 48시간 내에 방문객을 방문하는가? 예___ 아니오___
(20) 성경공부반에서 서로 신앙을 나눌 수 있는 기회를 마련하여 주고, 새신자를 환영할 수 있도록 훈련시켜 주는가? 예___ 아니오___

점수에 대한 설명
 0-24점 방문객을 환영하지 않는다.
 25-49점 방문객을 냉랭하게 대한다.
 50-74점 방문은 할 수 있으되 장려하지는 않는다.
 75-99점 방문객에게 무관심하다.
 100-124점 특별한 준비 없이 방문객을 환영한다.
 125-149점 방문객을 장려한다.
 150-174점 방문객은 주빈이고 맞이할 준비가 잘 되어 있다.
 175-200점 방문객은 주빈이고 멤버가 될 사람으로 생각한다. 방문객은 교회가 자신을 환영한다고 생각한다.

(Copied with permission from *Evangelism Ministries Planning Handbook* by Suzanne Braden ⓒ 1987 by Discipleship Resources, Nashville, TN, p. 29. Questionnaire developed by Rick Kirchoff.)

6. 새신자에게 의미를 부여하는 길
- 새신자의 신앙은 소그룹을 통하여 계속 성장한다.
- 최소한 일곱 명의 친구를 만들어 준다.
- 재능과 소명을 활용할 수 있도록 도와준다.
- 회중의 사명과 비전을 설명하여 이해시켜 주고 지원할 수 있도록 인도하여 준다.
- 회중을 좋아하게 되어 친구와 가족과 이웃을 초청하여 그리스도의 제자들이 되게 한다.

※자료와 정보※

* 열매 맺는 회중의 5가지 실천, 로버트 스네지 감독 지음 (Abingdon Press, 2010), ISBN: 9781426700545.
☎ 1-800-672-1789 or www.cokesbury.com
* Reimagining Evangelism, www.umcdiscipleship.org/resources/connections-reimagining-evangelism
* www.umcdiscipleship.org/leadership-resources/evangelism
* www.evangelismconnections.org
Ecumenical partnership of mainline denominations that strives to frame and provide resources for evangeksm, hospitality, and church vitality in a 21st-century context.
* www.foundationforevangelism.org, Foundation for evangelism
* www.facebook.com/UMCEvangelism
* www.umcom.org. See especially Knowledge Center> Welcoming; Support Center> Church Communications Training> United Methodist Basics; and Rethink Church
* www.umvitalcongregations.org, The Vital Congregations
* *Kingdom Come* by Reggie McNeal (Carol Stream, Illinois: Tyndal Momentum, 2015), ISBN: 9781414391878.
* *Transforming Evangelism* by Henry H. Knight III and F. Douglas Powe Jr. (Nashville: Dscipleship Resources, 2006), ISBN: 9780881774856. Discipleship Resources, P. O. Box 189, Nashville, TN 37202-0189
☎ 615-340-7068 or www.discipleshipresources.org
* *Your Church Can Thrive: Making the Connections That Build Healthy Congregations* by Harold Percy (Nashville: Abingdon Press, 2003), ISBN: 9780687022564.
* *Making Room: Recovering Hospitality as a Christian Tradition* by Christine Pohl (Grand Rapids: Wm B Eerdmans, 1999), ISBN: 9780802844316.
* *Holy Conversation: Talking About God in Everyday Life* by Richard Peace (Dowders Grove: IVP Connect, 2006), ISBN: 9780830811199.

교회역사편찬위원회
(Church Historian)

"교회역사편찬위원은 구역회에 매년 교회 기록물과 역사적 자료들을 보관하는 일에 관하여 보고하며, 목사와 교회역사편찬위원회와 더불어 현재 사용하지 않는 개체교회의 모든 문건과 역사적 자료들을 보관한다. 문건과 역사적 자료란 모든 문건들, 회의록들, 잡지들, 일기들, 보고서들, 서신들, 팸플릿들, 신문들, 원고들, 지도들, 사진들, 책들, 영상 자료들, 음성 기록들, 음향 테이프들, 또는 그 형태 및 상태와 상관없이 연합감리교회 또는 그 전신이 되는 개체교회의 사무처리와 연관되어 장정의 규정에 따라 인수한 모든 종류의 자료들을 뜻한다." (장정 ¶247.5a)

역사는 우리가 누구인가를 이해시켜 주기 때문에 중요한 것이다. 역사는 우리의 정체성을 밝혀준다. 역사는 또한 영감의 출처가 되기도 한다. 우리에게 믿음의 유산을 남겨준 사람들에 대하여 우리가 알게 될 때 우리는 그들의 삶을 감사하게 되고, 그들의 믿음의 본을 따르려고 결심하게 될 것이다.

1. 교회역사편찬위원장의 책임 (장정 ¶247.5a)
(1) 교회에 역사기록 책임자나 역사보관 책임자가 없으면 직책을 만들자고 교회에 요청한다.
(2) 임원들에게 모든 기록을 정확히 기록하고 보존하도록 권장한다.
(3) 현재 사용하지 않는 모든 기록과 역사적인 자료들을 보관한다.
(4) 연합감리교회와 개체교회 역사에 관심을 가지도록 장려한다.
(5) 매해 한 주일을 교회 창립주일로 지키도록 목사와 상의한다.
(5) 구역회와 교회임원회 회원이 된다.

2. 교회역사편찬위원장의 선출과 임기
공천위원회의 추천을 받아 구역회에서 선출되며, 임기는 1년이다.

3. 역사편찬사역
사람들은 과거에 이 교회를 거쳐 간 사람들에 대하여 아는 것을 흥미 있어 한다. 교회에 속한 많은 사람이 이 교회와 관련된 이야기와 행사에 흥미를 갖고 있다. 역사는 사람들에게 감동을 부여해 준다. 우리에게 신앙의 유산을 남겨준 사람들에 대하여 우리가 알게 될 때, 우리는 감동을 받게 되고 또한 그들에게 감사하는 마음을 가지게 되고 그들의 발자취를 따르게 된다. 또한 역사는 우리 선조들의 약점도 알려 주고, 우리가 그들의 실수를 반복하지 말아야 할 것을 가르쳐 줄 뿐만 아니라 우리의 약점을 고백할 수 있게 도와주기도 한다. 그리고 역사는 우리가 누구인가를 이해할 수 있게 도와준다. 역사는 우리의 정체성을 알려 주는 도구이다. 그러므로 역사편찬은 다음과 같은 이야기들을 기록한다.

  (1) 개체교회가 생기게 된 동기
  (2) 구전으로 내려오는 이야기들
  (3) 하나님께서 교회를 통하여 역사하신 이야기들
  (4) 신실하게 그리스도를 증거하신 분의 이야기들
  (5) 현재와 미래에 교회에 대하여 알리고 싶은 이야기들
  (6) 교회의 선교와 사역에 대하여 알리고 싶은 내용들
  (7) 과거의 내용을 미래에 꼭 남기고 싶은 이야기들

4. 무엇을 어떻게 시작해야 하나?

  (1) 교회에 있는 모든 기록을 조사한다. 우선 교회에 존재하고 있는 다양한 그룹들에 대하여 알아본다. 그러면 그들의 활동에 대한 기록들에 대하여 알게 되고, 교회가 보관하고 있는 기록들과 실종된 기록들에 대하여 알게 될 것이다.

  (2) 보관해야 할 기록과 버려야 할 기록에 대하여 알아둔다.

  (3) 기록들을 연대순으로 정리한다. 같거나 비슷한 종류의 기록들을 함께 보관하지만 서기록은 서기록대로, 보고서는 보고서대로 보관한다. 교회가 합병한 사례가 있으면 가나다 순으로 파일을 만들면 된다.

  (4) 영구히 보존할 가치가 있는 문서들을 잘 보관한다.

교회의 모든 보고서들과 기록들; 교회 건축과 관련된 서류들 (설계도, 청사진, 법적 서류, 등기 등); 주보들; 주소 성명록; 교적부; 세례명부; 장례식 기록; 결혼식 기록; 뉴스레터들; 행사에 관한 사진, 녹음, 시디, 교회 임원회 보고서, 구역회 보고서, 예산안, 특별행사와 관련된 주보, 개체교회 위원들의 보고서, 디렉토리 등.

기록 자료들을 종종 참고 자료로 사용하게 되면 교회에 비치해 둔다.

  (5) 교회의 역사를 다음 세대가 나눌 수 있도록 도와준다.
  • 개체교회의 역사를 쓸 때에는 교회임원회의 결정을 받아야 한다.

• 개체교회와 관련된 사람, 사건, 장소, 시기 등을 자세히 조사한다. (개체교회 교인과 관련된 뉴스, 사진 등)
• 개체교회의 과거에 대한 정보를 교회가 창립된 시기부터 현재까지 연대순으로 다루는 것이 효과적이다.
• 시기를 구분한다. (창립 초기, 급성장 시기, 논쟁 시기, 또는 담임목사 시기 등으로 나누는 방법이다.)
• 개체교회 활동의 제목에 따라 정리하는 것도 효과적이다. (예배, 교회행사, 주일학교 등)
• 구전으로 전해 내려오는 이야기들을 녹음해 두는 것도 좋다.

5. 교회 역사

왜 교회 역사를 기록해야 할까?
• 하나님께서 우리교회를 통하여 역사하신 이야기를 나누고 축하하기 위해서이다.
• 오랫동안 내려온 믿음의 증거와 증인들을 보관하기 위해서이다.
• 현재와 미래의 교인들에게 가르쳐 주기 위해서이다.
• 교회의 선교와 사역은 계속되는 것을 알려주기 위해서이다.

※자료와 정보※

* The General Commission on Archives and History
P. O. Box 127, Madison, NJ 07940
☎ 973-408-3189; Fax: 973-408-3909
Website:www.gcah.org

* *The United Methodism in America: A Compact History* edited by John McEllhenney (Nashville: Abingdon Press, 1992), ISBN: 9780687431700.

* 교회역사편찬위원회에 관련된 <u>장정</u> ¶243, 247.5, 264, 532, 642, 1701-1712, 2548.4

공보위원회
(Communications)

1. 공보위원장의 책임
(1) 개체교회의 비전과 사명을 홍보한다.
(2) 교회가 멤버에게 또는 멤버가 교회에 홍보하기를 원하는 것들을 조화하여 홍보한다 (인쇄 혹은 전자 뉴스레터, 홍보 등).
(3) 멤버들에 대한 정보를 나눈다 (게시판 혹은 특별한 공로).
(4) 교회 특별행사에 참여하기를 홍보하여 권장한다.
(5) 지역사회의 매스 미디어와 관계를 맺고 지역사회가 홍보하기 원하는 것들을 교회 멤버들에게 홍보하여 준다. 그리고 교회가 라디오, TV, 혹은 신문사에 보낼 홍보 내용이 있으면 정리하여 보낸다.
(6) 교회의 홈페이지(Website)를 관리한다.
(7) 교회 뉴스레터를 편집하고 관리한다.
(8) 교회 내의 제반 위원회와 기관들, 교인들이 원활한 공보활동을 할 수 있도록 적절한 아이디어와 자료와 기술을 제공한다.
(9) 개체교회의 위기를 관리하는 회원이 된다.
(10) 개체교회에서 재정 모금을 홍보하는 활동에 참여한다.
(11) 구역회와 교회임원회의 회원이 된다.

2. 공보위원장의 선출과 임기
공천위원회의 천거를 받아 구역회에서 선출하며, 임기는 1년이다.

3. 공보활동의 범위
교회마다 나름대로 전할 이야기가 있다. 개체교회 교인들에게 알릴 이야기가 있고, 교회 밖에 있는 지역사회에 알릴 이야기가 있다. 개체교회가 제공하는 프로그램은 무엇이며, 그리스도의 몸인 교인들이 무엇을 믿으며, 어떻게 신앙을 생활에 옮기며, 그들의 삶에 어떤 변화를 가져오고 있느냐 하는 이야기들을 알릴 필요가 있다. 공보위원은 개체교회의 자랑거리들을 교인들은 물론 지역사회에도 널리 알려야 할 책임이 있다.

그리고 연회 혹은 지방회공보위원회의 활동을 통하여 홍보하는 내용과 기술을 배울 수 있을 뿐만 아니라 도움을 받을 수 있다. 지방회나 연회 웹사이트와 연결할 수 있도록 요청한다.

• 섭외활동: 교회가 처해 있는 지역사회에 전달하는 메시지와 관계된 홍보. 교회가 하고 있는 선교 봉사활동과 관계된 홍보.
• 교회 내 홍보활동: 주보, 뉴스레터, 비디오를 사용
• 대외 홍보활동: 신문, 라디오, 텔레비전을 사용
• 프로그램과 선교비 모금추진: 교단 차원의 선교활동을 소개

4. 홍보활동을 위해서 참조할 사항

• **목표**: 교회의 비전과 사명을 어떻게 전달할 것인가? 담임목사와 교회임원들과 이야기한 후 구체적인 내용을 홍보한다. (예, 우리 교회는 10%의 교우들이 더 선교에 참여하기를 바란다. 우리 교회는 특별주일 헌금을 5% 증가시키기를 원한다. 우리 교회 교인들이 정규적으로 경건의 시간을 갖기를 원한다.)

• **홍보**: 메시지의 내용은 무엇이고, 누구를 위한 것이고, 홍보를 최소한 여섯 번 접하기 위하여 어떤 미디어를 사용할 것인가? 우리가 홍보하려는 것을 방해하는 장애물은 무엇이고, 어떻게 그 장애물을 극복할 것인가?

이러한 질문들에 대한 구체적인 정보를 얻기 위하여 설문지를 사용하여 회중에게 의견을 물어 본다. 특히 지도자들의 의견을 듣는다.

• **계획 실행**: 설문지를 통하여 얻은 내용을 공보위원들과 나눈다. 누가 책임지고 홍보를 실행할 것인가? 계획한 것을 실행할 타임라인은 언제부터 언제까지인가? 계획 실행을 언제 점검해 보면 좋을까?

• **예산**: 홍보를 위하여 드는 재정 예산은 얼마인가?

• **평가**: 홍보의 효과는 무엇이고, 뒤따라 할 일은 무엇인가? 어떻게 다르게 할 것인가? (예: 영적으로 성장했는가? 사기가 앙양되었는가? 교회의 소속감을 증가시켰는가? 교회 행사에 더 참여하게 되었는가? 교회를 위하여 더 봉사하고 싶은 마음을 불어넣어 주었는가?)

5. 뉴스레터

뉴스레터는 교회를 홍보할 수 있는 효과적인 도구이다. 많은 교회에서는 전통적인 뉴스레터와 함께 전자로 된 뉴스레터를 사용하고 있다.

뉴스레터를 만드는 이유는 개체교회를 홍보하고, 교육하고, 개체교회의 사기를 높이기 위하여 만든다. 개체교회의 사기와 관련된 것으로는 새 목사 소개, 교회가 지역사회를 위해 하는 선교, 교회 건축 현황보고, 교인들이 제기한 문제에 대한 답, 새신자 소개, 교회가 결정한 사실을 알려 주는 것 등이다.

- 뉴스레터를 만드는 이유가 뚜렷해야 한다.
- 독자가 뚜렷해야 한다. 뉴스레터의 독자는 개체교회의 멤버들이다.
- 교인들이 원하는 내용을 다룬다.
- 이해하기 쉬운 용어를 사용한다.
- 제일 중요한 내용이 제일 처음 나오도록 한다.
- 구독자의 시선을 끌 수 있는 기호들을 사용한다.
- 기사 내용은 간략해야 한다. 통계를 사용하는 것이 좋다. 독자들은 30초 동안 내용을 훑어 본다는 사실을 생각한다. 30초 동안 읽을 매력적인 내용은 무엇일까?
- 누가, 언제, 어디서, 무엇을, 왜, 어떻게 육하원칙을 사용한다.
- 오자가 없도록 조심스럽게 편집한다.
- 뉴스레터를 매력적으로 디자인 한다.
- 최소한 글꼴 크기는 12호로 한다.
- 두세 칼럼으로 하는 것이 효과적이다.
- 과거에 일어난 행사에 대하여 보고하는 것보다는 앞으로 행할 행사에 대하여 쓰는 것이 효과적이다.
- 멤버의 이름은 고딕체를 사용한다.

6. 인터넷

- 인터넷을 만드는 목적이 뚜렷해야 한다. (교회소개? 홍보? 선교? 대화? 축적된 정보 제공?)
- 누구를 위한 인터넷인가?
- 인터넷은 한 가지 내용을 홍보할 때 효과적이다. 25-50 단어로 쓴 내용이 효과적이다.
- 교인이 행하여야 할 내용은 고딕체를 사용한다.
- 긴 첨부 파일을 첨가하지 않는 것이 효과적이다.
- 인터넷을 사용할 때는 교회에 연락할 수 있는 웹사이트를 알려 준다.
- 예산은 책정되어 있는가? 확장될 가능성이 있는가?
- 누가 홈페이지를 만들고 관리할 것인가?
- 한인연합감리교회 전국연합회에서 운영하는 홈페이지에 문의한다. www.koreanumc.org 혹은 www.umcom.org
- 홈페이지를 신청할 경우 절대로 개인 이름을 사용하지 말고 교회 이름을 사용한다.

※자료와 정보※

＊United Methodist Communications (UMCom).
P. O. Box 320, Nashville, TN 37202-0320.
This agency offers communications services and resources to annual conferences and local churches.
☎ 615-742-5400; www.umcom.org
＊www.umcgiving.org, connectional giving
＊www.find-a-church.org, Find-A-Church online directory
＊InfoServ (The United Methodist Church's toll-free telephone general information service). Monday-Friday, Central Time, ☎ 1-800-251-8140, 8:00 am to 4:00 pm. For addresses of pastors or local churches, ☎ 1-800-874-3211, 9:00 am to 1:00 pm.
＊www.umcom.org/training, Communications training
＊www.umcom.org/mycom, communications e-newsletter
＊www.umcom.org/store. *Official United Methodist Program Calendar* (United Methodist Communications)
☎ 1-888-346-3862
＊www.umcom.org/ccresources, local church communication-audit-resources
＊www.umcom.org/churchmarketing, local church marketing
＊www.umcom.org/impactcommunity, Rethink Church events (advertising grants) or 1-877-281-6535
or email Rethinkchurch@umcom
＊www.umcom.org/webministry, web ministry
＊www.umcom/welcoming, welcoming ministry
＊www.koreanumc.org, 한인연합감리교회 홍보 자료
＊<u>섬기는 사람들,</u> 총회공보부를 통하여 매달 발행되는 한인연합감리교회 신문. 615-742-5118 or Jlee@umc.org

작은 교회
(Small Membership Church)

연합감리교회는 200명 멤버십 이하의 교회를 작은 교회라 칭하며 전체 연합감리교회 교회들의 70%가 작은 교회에 속한다. 한인연합감리교회들도 대부분이 작은 교회에 속한다. 작은 교회가 심각하게 물어야 할 질문은 "이 시점과 이 장소에서 하나님께서 우리교회를 어떻게 들어 쓰기를 원하시는가?"이다.

작은 교회도 생동력 있는 교회의 모습을 보여줄 수 있다.
• 생동력 있는 교회는 그리스도가 중심으로 되어 있는 교회이다. 이 교회에서는 삶이 변화되는 역사가 일어나고, 공동체에 속한 사람들끼리 끈끈한 관계를 맺고 있을 뿐만 아니라 평신도들이 믿음으로 무장되어 전도하며, 서로의 은사와 재능을 인정해 주며, 지도자로 참여하는 교회이다.
• 생동력 있는 교회는 소그룹 성경공부와 삶의 나눔과 봉사생활을 통하여 성도의 믿음을 양육해 줄 뿐만 아니라 성숙시켜 준다.
• 생동력 있는 교회는 개체교회가 당면하고 있는 장애물과 도전에도 불구하고 목사와 평신도 지도자들이 믿음의 계속성을 유지시켜 준다.
• 생동력 있는 교회는 사람들이 필요로 하는 것들을 유익하게 응답해주며, 한 사람 한 사람을 존중하며 존엄을 지켜 준다. 예배를 통하여 그리스도인으로 살 수 있도록 힘을 준다.
• 생동력 있는 교회는 그리스도인로서 삶의 지경이 넓어질 수 있도록 인도해 준다.
• 생동력 있는 교회는 교인들의 필요에 따라 프로그램을 설정한다.
• 생동력 있는 교회는 그리스도에게 신실하고, 개체교회가 할 수 있는 사역에 초점을 맞춘다.

작은 교회가 할 수 있는 사역은 무엇일까?
1. 양육사역
양육사역은 사람들이 믿음으로 훈련받아 그리스도인이 되게 도와주는 사역을 뜻한다. 그리스도인은 예수 그리스도와 신앙의 공동체와 관계를 맺어야만 그리스도인으로 성장할 수 있다. 양육사역은 예배,

교육, 그리스도인의 인격 형성 (주일학교, 여름성경학교, 성경공부, 영성훈련, 교회 수련회 등을 통하여), 교인 관리, 소그룹, 청지기 등에게 관심을 갖는 사역이다 (장정 ¶252.1.a).

예배
- 남녀 구별없이 다양한 사람들을 다양하게 예배에 참여시켜 준다.
- 좋은 특송을 준비한다 (찬양대 혹은 특송).
- 연극 혹은 짧은 촌극을 예배에 사용한다.
- 특별주일을 정하여 지킨다 (예, 간증예배, 음악예배).
- 평신도가 주관하는 평신도주일을 지킨다.
- 한 달에 다섯 주가 있는 주일에는 정규적인 전통 예배 대신에 개체 교회 나름대로 특별한 예배를 본다.

교육
- 단기 성경공부
- 제자화 성경공부
- 사회 이슈와 관련된 공부
- 말씀과 생활: 강해 성경공부
- 영성훈련을 위한 수련회
- 여름성경학교 (VBS)
- 사순절 혹은 대강절에 할 수 있는 특별 프로그램
- 교인 캠프
- 지도자 강습회

교인 관리
- 교인이 어려움을 당할 때 함께한다 (음식 제공, 심부름 등).
- 거동이 불편한 사람에게 휠체어를 마련하여 준다.
- 기도팀을 조직한다.
- 집에서 나오지 못하는 교인에게 카드, 경건생활을 위한 책자, 교회에서 성만찬을 행하였을 때 떡과 포도주를 전달하여 준다.
- 심방을 자주한다.

2. 대외선교사역

모든 교회는 국내외 지역을 위하여 사역하도록 부름받았다. 대외선교사역은 전체 사회를 위한 자선, 정의, 옹호 사역에 관심을 갖는다. 이러한 사역은 교회와 사회 문제, 세계선교, 고등교육과 학원선교, 보건, 복지, 기독교연합사업, 타종교에 대한 관심, 종교와 인종, 그리고 여성들의 지위와 그들의 역할에 집중한다 (장정 ¶252.1.b).

대외선교사역을 위해서는 다음과 같은 질문을 해보는 것이 좋다.
- 단기 국내외 선교에 자원봉사 하고 있는가?
- 선교사를 정하여 계속 지원하고 있는가?
- 지역사회에서 양식과 생활필수품을 필요로 하고 있는 사람들은 누구인가?
- 도움이 필요한 사람들이 자녀들을 위하여 필요로 하는 것은 무엇인가?
- 우리교회가 이러한 필요에 어떻게 응답할 수 있을까?
- 어린아이 때문에 고등학교를 졸업하는데 어려움을 겪는 엄마들에게 보육을 위한 장학금을 줄 수 있을까?
- 교회 멤버가 아닌 가족 장례식에 식사를 제공해 주고 있는가?
- 말기 환자와 가족을 보살펴 주고 있는가?
- 전기, 물, 먹을 것, 입을 것 때문에 어려움을 당하는 가정을 경제적으로 도와주고 있는가?
- 어려움을 당하는 가족을 위하여 운전을 해주고 있는가?
- 가정폭력으로 어려움을 당하는 가족을 도와주고 있는가?
- 천재지변으로 어려움을 당하는 지역을 위해 헌금하고 있는가?
- 자연환경을 위한 재활운동에 참여하고 있는가?

3. 증거사역

증거사역은 그리스도인의 체험과 신앙과 봉사에 관한 개인 및 교회의 이야기를 서로 나누며 전도에 노력하고 이를 개발하는 일에 관심을 갖는 사역이다. 이 사역은 홍보 또는 예수 그리스도를 증언하는 모든 사역에 주의를 기울이는 사역이다 (장정 ¶252.1.c).
- 교회에 다니지 않는 사람에게 관심을 갖는다.
- 하나님을 알지 못하는 사람과 이야기를 나눈다. 또한 하나님을 알지 못하는 사람의 말을 말한 그대로 들어 준다.
- 믿음을 알지 못하는 사람과 이야기하는 기술을 터득한다.
- 교회는 효과적으로 증거하는 방법을 훈련시켜 준다.
- 요양원을 방문하여 예배를 본다.
- 교회 다니지 않는 가족들에게 장례, 결혼, 추도예배를 제공한다.
- 지역의 교회들과 함께 연합예배를 마련한다.
- 고등학교를 졸업하고 대학 가는 학생에게 장학금을 마련해 준다.
- 교회가 잘 하고 있는 사역을 지역사회에 홍보한다.

UMC Agencies & Helpful Links

*General Board of Church and Society
www.umc-gbcs.org, 202-488-5600
Service Center, ☎ 1-800-967-0880
*General Board of Discipleship (Discipleship Ministries)
www.umcdiscipleship.org or ☎ 1-877-899-2780
Discipleship Resources, www.bookstore.upperroom.org
☎ 1-800-972-0433
Email: info@umcdiscipleship.org
*General Board of Global Ministries
www.umcmission.org, 1-800-862-4246 or 212-870-3600;
Email: info@umcmission.org
General Board of Higher Education and Ministry
www.gbhem.org or ☎ 615-340-7400
*General Board of Pension and Health and Ministry www.gbophb.org or ☎ 847-869-4550
*General Commission on Archives and History
www.gcah.org or ☎ 973-408-3189
*General Commission on Religion & Race
www.gcorr.org or ☎ 202-547-2271
Email: info@gcorr.org
*General Commission on the Status & Role of Women www.gcsrw.org or ☎ 1-800-523-8390
*General Commission on United Methodist Men
www.gcumm.org or ☎ 615-340-7145
*General Council on Finance and Administration
www.gcfa.org or ☎ 866-367-4232 or 615-329-3393
*Office of Civic Youth-Serving Agencies/Scouting (General Commission on United Methodist Men)
www.gcumm.org or ☎ 615-340-7145
*The United Methodist Publishing House, www.umph.org or ☎ 615-749-6000; Cokesbury, www.cokesbury.com or
☎ 1-800-672-1789; Curric-U-Phone 1-800-251-8591
*United Methodist Communicatioins
www.umcom.org or ☎ 615-742-5400
EcuFilm, ☎ 1-888-346-3862
Infoserv@umcom.org
Email: infoserv@umcom.org
www.interpretermagazine.org
www.koreanumc.org
*United Methodist Women
www.unitedmethodistwomen.org or ☎ 212-870-3900

**For additional resources,
contact your annual conference office.**

www.ingramcontent.com/pod-product-compliance
Lightning Source LLC
Chambersburg PA
CBHW060525090426
42735CB00011B/2374